新时代智库出版的领跑者

国家智库报告（2021）
National Think Tank (2021)

中间产品内涵能源核算、分解与应用研究

ACCOUNTING, DECOMPOSITION AND APPLICATION OF INTERMEDIATE EMBODIED ENERGY

刘增明　黄晓勇　著

中国社会科学出版社

图书在版编目(CIP)数据

中间产品内涵能源核算、分解与应用研究 / 刘增明，黄晓勇著.—北京：中国社会科学出版社，2021.10
(国家智库报告)
ISBN 978-7-5203-9424-6

Ⅰ.①中… Ⅱ.①刘…②黄… Ⅲ.①能源经济—中间产品—研究—中国 Ⅳ.①F426.2

中国版本图书馆 CIP 数据核字（2021）第 264851 号

出 版 人	赵剑英
项目统筹	王 茵 喻 苗
责任编辑	张冰洁 周 佳
责任校对	周 昊
责任印制	李寡寡

出　　版	中国社会科学出版社
社　　址	北京鼓楼西大街甲 158 号
邮　　编	100720
网　　址	http://www.csspw.cn
发 行 部	010-84083685
门 市 部	010-84029450
经　　销	新华书店及其他书店

印刷装订	北京君升印刷有限公司
版　　次	2021 年 10 月第 1 版
印　　次	2021 年 10 月第 1 次印刷

开　　本	787×1092　1/16
印　　张	7.5
插　　页	2
字　　数	90 千字
定　　价	49.00 元

凡购买中国社会科学出版社图书，如有质量问题请与本社营销中心联系调换
电话：010-84083683
版权所有　侵权必究

摘要： 能源消耗及相关排放伴随着流通和贸易在企业、部门、区域和国家间发生转移。这种转移既包含在最终消费品中，也包含在中间产品中。随着全球化的发展，中间产品在包含国内国际供应链的全球供应链中广泛流动，但中间产品在能耗转移中的作用尚未得到充分讨论。本书在多区域投入产出（MRIO）模型的基础上提出了中间产品进口模型，构建了 LMDI-SDA 分解模型，并基于 WIOD 数据对中国国际国内中间产品流动对能源消费的影响进行了研究。

研究发现，在国际贸易方面，中间产品包含了大量的内涵能源。美国、德国等发达经济体进口了大量的中间产品内涵能源，而俄罗斯等发展中经济体则是中间产品内涵能源的出口者。中国是中间产品内涵能源的进口国，内涵能源逆差较小但价值逆差很大。德国则在中间产品内涵能源逆差巨大的同时实现了中间产品国际贸易的巨大顺差。在国内流通方面，中间产品流通过程对中国能源消费具有重要的促进效应，其原因包括了国内国际需求的中间结构的转变，中间份额的提升和中间效率的下降。

根据这一结果，本书认为通过合理扩大能源密集中间产品进口能够有效替代我国对能源的部分需求，提升中间效率、优化中间结构能够提升我国能源利用水平,对中国能源经济发展具有重要的意义。

关键词:中间产品;内涵能源;国际贸易;产业链

Abstract: Embodied energy transfers within international trade. The energy is embodied in both final products and intermediate products. However, knowledge of energy embodied in intermediate trade which is dominant is deficient. This book deduces the intermediate trade model based on MRIO model, applies LMDI method in SDA approach, and study the energy embodied in international intermediate trade and domestic circulation.

The results shows that significant energy is embodied in the international intermediate product trade. Developed economies such as Germany and the USA import massive embodied energy in intermediate products. Russia and many other developing economies are exporters of embodied energy in intermediate products. In most years, China is an exporter of embodied energy in intermediate products, but the value deficit of China's international intermediate trade is very large. By contrast, Germany obtains an intermediate product trade surplus when it runs an embodied energy deficit. In domestic circulation, the intermediate process contributes a promoting effect to China's energy consumption. The reasons include the shift of intermediate structure, the rise of intermediate market share and the degradation of intermediate efficiency to the domestic and international demands.

According to the empirical results, we suggest that more imports of intermediate product could be a substitute for the demand of energy in China partly, improving the intermediate efficiency and optimizing the intermediate structure will advance China's energy use, which are significant for China's future development.

Key words: Intermediate Products, Embodied Energy, International Trade, Industry Chains

目 录

一　绪论 ………………………………………… (1)

二　中间产品国际贸易模型构建 ………………… (7)

　　（一）国际贸易中间产品问题的提出与
　　　　　研究现状 ………………………………… (7)

　　（二）国际贸易中间产品及其内涵要素
　　　　　模型 ……………………………………… (10)

　　（三）小结 ………………………………………… (16)

三　进出口中间产品内涵能源核算与特征
　　研究 ……………………………………………… (18)

　　（一）进出口中间产品内涵能源问题研究
　　　　　现状 ……………………………………… (18)

　　（二）进出口中间产品内涵能源的核算
　　　　　方法 ……………………………………… (26)

（三）进出口中间产品内涵能源的国际
　　　　 比较……………………………………（27）
　　（四）小结………………………………………（55）

**四 中间产品因素对中国能源消费的影响
　　研究**……………………………………………（57）
　　（一）中间产品因素对中国能源消费影响的
　　　　 问题提出与研究综述……………………（57）
　　（二）中间产品因素影响研究的模型与
　　　　 数据………………………………………（63）
　　（三）结果与分析………………………………（72）
　　（四）小结………………………………………（90）

五　结论、意义与展望……………………………（93）

附　录………………………………………………（101）

参考文献……………………………………………（102）

一 绪论

2010年,中国在能源年消费量上超越了美国,成为世界第一大能源消费国和进口国。① 2000—2019年,中国的年均能源消费以6.17%的增长率从14.7亿吨标准煤增长到了48.6亿吨标准煤。② 中国的能源问题,涉及经济发展、国际贸易、能源安全、气候变化和环境污染等许多方面,正变得愈发重要。

除了被消费者直接消费的少部分能源(占能源总消费量约为8%)③,中国绝大部分能源都被投入了生产消耗中,并在经历漫长的产业链条后制造出最终产品(本书所指的最终产品包含了实物产品和服务)供

---

① British Petroleum, Statistical Review of World Energy 2011, bp.com/statistical review.
② National Bureau of Statistics of China (NBSC), *Chinese Energy Statistics Yearbook*, Beijing: China Statistics Press, 1998–2020.
③ Zengming Liu, Tao Zhao, "Contribution of Price/Expenditure Factors of Residential Energyconsumption in China from 1993 to 2011: A Decomposition Analysis", *Energy Conversion and Management*, No. 95, 2015.

社会消费。在这一过程中，一部分能源被用于提供生产最终产品的动力，而其他大部分能源则被用于生产中间产品。由于任何一单位最终产品都要以数种中间产品为前期投入，而任何一单位中间产品都要最终投入到某种最终产品的生产过程中，因此，任何一种最终产品、任何一条完整的制造链条、任何一个生产消费循环，都与中间产品、中间过程及其能耗紧密相关。

要研究中间产品相关的能源问题，需要从内涵能源的角度出发。[①] 内涵能源是指产品加工、制造、运输等全过程所消耗的总能源，是生产链中直接消耗和间接消耗的能源总和，从数值上包括直接消耗的能源和所有间接消耗的能源。从社会生产的完整链条看，对于最终产品，内涵概念中的直接能源消耗，就是为该产品生产直接提供动力的能源；而间接能源消耗，就是为生产该产品的中间投入品或是中间投入品的中间投入品提供动力的能源。而对于具体产品来说，无论其是最终消费品还是中间产品，其直接能源消耗和间接能源消耗总和即为其内涵能源。

从内涵能源的角度来看，能源被投入到具体产业部门产品的生产制造之后，就以该产品或服务为承载物，伴随着贸易在不同的区域和部门之间流动。随着

---

① C. W. Bullard, R. A. Herendeen, "The Energy Costs of Goods and Services", *Energy Policy*, Vol. 3, No. 4, 1973.

当今国际、区域、产业、企业分工的愈加精细，全球产业链条的不断延伸，中间过程的环节不断增加，中间产品种类、份额在不断增长，中间产品对于能源消费的影响也在不断增加。据统计，在当前国际贸易中，中间产品占比约 2/3。[1] 由于统一市场的存在减少了中间产品贸易导致的累积税率，国内贸易中，中间产品占比可能更高。

在这一跨区域跨部门流动过程中，中间产品有两种方式影响能源消费：（1）中间产品的投入结构影响了上游不同区域不同部门的能源消耗；（2）中间产品的投入率决定影响了上游部门的能源的利用率。在生产活动中，初次能源首先被投入到中间产品的生产当中成为"内涵能源"，承载了"内涵能源"的中间产品则被投入到下游产品的生产中。由于某种产品对不同部门的中间投入需求是不同的，不同部门的能源强度也是不同的，因此，单位产品在上游不同部门引致的能源消费具有差别。如果某个部门的中间产品投入效率提高了，减少了单位产出的中间投入，则其单位产出对上游中间产品的需求就会减少，进而减少对上游的"内涵能源"乃至初始投入的初次能源的消费。反映到整个生产流程中即为最终产品的完全能源强度

---

[1] 王直、魏尚进、祝坤：《总贸易核算法：官方贸易统计与全球价值链的度量》，《中国社会科学》2015 年第 9 期。

降低。考虑到不同区域同类部门产品之间具有一定的替代性，如果某区域的部门用来自一个区域的中间产品取代了另一个区域的中间产品，虽然其中间产品投入效率没有变化，仍然会引起不同区域的能源完全需求的改变。相似的，如果部门的中间产品投入效率没有改变而中间需求发生了结构性变化，由于不同中间产品的能源强度不同，其对上游中间产品需求的结构性变化最终将引起能源消费量的改变。

用一个例子可以更直观地解释中间产品的影响：假设某国制造一种价值1万美元的汽车，消耗本国生产的钢材1吨，并因此消耗一定量的能源且产生一定的碳排放。（1）在该国能源结构、钢材的能源强度不变的情况下，如果通过管理和技术创新，该汽车需要的钢材减少10%，那么相应的能源消费和碳排放也会减少10%。（2）如果该国用于汽车生产的国产钢材中有30%被进口钢材替代，那么该国相应的能源消费和碳排放也会减少30%。在30%的国产钢材被进口钢材替代的情况下，如果该国汽车用于出口，那么在能源和碳排放的国际核算中，无论用生产侧还是消费侧核算方法，这30%的钢材的能耗和碳排放都与该国无关，与此同时该国确实利用这些钢材产生了经济价值。

前文的例子展示了理论上存在的两种情形：（1）提高中间产品的使用效率能够影响中间产品的消耗，

并通过产业链条的层层向上传导，最终影响能源的消耗。通过乘法分配律可以证明这种影响和能源强度带来的影响是等价的。（2）中间产品结构包括其部门分类和区域来源两个方面。考虑到贸易的实际情况，不同区域来源的中间产品具有部分竞争性，改变中间产品区域来源能够影响能源消费的区域结构。

以上理论分析在经济现实中具有广泛的解释性。从中间产品效率方面来看，由于能源利用技术进步空间较小，许多行业完全能源强度下降的主要原因可能不是直接能源强度下降，而更多的是中间产品效率的提升和中间产品结构的改善。比如，在建筑业中，由于技术的创新而减少了水泥的消耗，中间产品效率直接提升，从而降低了能源强度。在机械制造业中，低能源强度的材料如工程塑料替代了金属，减少了制品对于能源的完全需求。在汽车业中，电子类、通信类、金融类中间产品比重的上升，提高了最终产出，进而降低了能源强度。从中间产品投入的周期来看，由于不同中间产品的投入时点并不一致，部门的能源强度会随着中间产品投入结构的变化而变化。例如，在投入基础设施、固定资产等高能源强度中间产品时期，经济体、部门或企业的能源强度会较高，之后则会逐步下降。这为于理解发达经济体和发展中经济体能源强度差异提供了另一个视角。从中间产品贸易方面看，由于产业链的地域性分散，大量的中间产品在国际流动，其中的内涵能源与碳排放也随着转移。发达国家通过进口大量的中间产品能够实现与消费品进口等效的"碳泄露"。与消费品贸易不同，这种内涵碳转移是随着产业链条的延伸多次发生的，并最终进入到消费品中，因此具有隐蔽性，追踪难度更大。

上面的分析初步地论述了中间产品内涵能源问题的含义、背景，产业链的中间过程如何影响能源消费、中间产品内涵能源如何转移，以及研究中间产品内涵能源问题的现实价值。要将中间产品内涵能源的概念应用于经济学研究和经济现实之中，就需要对中间产品内涵能源进行科学严谨的分析。为此，本书在国际国内现有研究的基础上，针对中间产品能源问题的结构和效率，提出了中间产品模型，并应用到能源领域，对中间产品能源的核算、分解和现实应用进行了讨论。

本书主要内容安排如下：一绪论；二中间产品国际贸易模型构建；三进出口中间产品内涵能源核算与特征研究；四中间产品因素对中国能源消费的影响研究；五结论、意义与展望。

二 中间产品国际贸易模型构建

(一) 国际贸易中间产品问题的提出与研究现状

随着中间产品贸易成为国际贸易主流,生产和制造已经在地域上高度分离,很多产品的内涵要素如增加值、资源、劳动力等涉及多个国家。世界贸易组织指出,由于中间产品贸易的存在,简单的贸易总量核算已经不能准确地反映各类要素在全球价值链中的流动情况。[①]

D. L. Hummels 提出了测度国际分工的量化指标,

---

① Nadim Ahmad, "Estimating Trade in Value – Added: Why and How?" in Deborah Kay Elms and Patrick Low, eds., *Global Value Chains in a Changing World*, World Trade Organization, 2013, http://www.wto.org/english/res_e/booksp_e/aid4tradeglobalvalue13_part2_e.pdf.

即一国出口产品里包含来自其他国家的进口中间产品。① 刘遵义指出，中国的加工贸易在对外贸易中占有重要地位，在核算时应予特殊对待，即中国的外贸出口中含有大量进口中间产品的内涵要素。② R. Koopman 的研究发现，是否区分加工贸易，对于正确应用 Hummels 方法有很大影响。③ 由于中间产品贸易流向具有多向性、反复性，单一国家模型难以准确分辨中间产品的精确去向和内涵要素量度。

针对单地区模型的缺陷，R. C. Johnson 和 G. Noguera 较早在多地区投入产出模型 MRIO 的基础上建立了中间产品增加值核算模型，其模型参考电子产品供应链，对国际贸易做了一定的简化，没有考虑出口中间产品在境外加工后作为最终产品回流等情况。④ R. Koopman 等在 Johnson 和 Noguera 方法的基础上，建立了包含所有方向中间产品和最终产品进出口的三国贸

---

① D. L. Hummels, J. Ishii, K. M. Yi, "The Nature and Growth of Vertical Specialization in World Trade", *Social Science Electronic Publishing*, Vol. 54, No. 1, 1999.

② 刘遵义：《非竞争型投入占用产出模型及其应用——中美贸易顺差透视》，《中国社会科学》2007 年第 5 期。

③ R. Koopman, Z. Wang, S. J. Wei, "Tracing Value – Added and Double Counting in Gross Exports", *The American Economic Review*, Vol. 104, No. 2, 2014.

④ R. C. Johnson, G. Noguera, "Accounting for intermediates: Production Sharing and Trade in Value Added", *Journal of International Economics*, Vol. 86, No. 2, 2012.

易模型，从而将一国的总出口分解成9个具体指标，实现了一国出口的完全分解。① Z. Wang 等研究了双边和部门层面的出口分解问题。② 王直等则对 Koopman 等的方法做进一步的拓展，基于三国模型提出了一国出口的16项指标分解法。实际上，Koopman 等和王直等的方法在数学上是等价的，16项指标经过归纳后可以与9项指标相对应。③ 在 Koopman 的基础上，Bart Los 等进一步提出了假设抽取法，利用一国数据即可将其总出口进行分解。④ K. Muradov 则把与王直等类似的对角分块矩阵方法应用于 Leontief 逆矩阵，提出了一种8项指标的分解法，相对简练且可应用于任意国家数模型，但其解释性还有待加强。⑤ 由于 Koopman 和王直的方法已经对模型实现了完全分解，后来的研究基本仍在其框架内。

---

① R. Koopman, Z. Wang, S. J. Wei, "Tracing Value – Added and Double Counting in Gross Exports", *The American Economic Review*, Vol. 104, No. 2, 2014.

② Z. Wang, S. J. Wei, K. Zhu, "Quantifying International Production Sharing at the Bilateral and Sector Levels", NBER Working Papers, No. 9, 2013, http：//www.nber.org/papers/w19677.

③ 伍先福：《贸易增加值分解与全球价值链地位测度研究综述》，《中国流通经济》2019年第4期。

④ Bart Los, Marcel P. Timmer, Gaaitzen J. de Vries, "Tracing Value – Added and Double Counting in Gross Exports: Comment", *American Economic Review*, Vol. 106, No. 7, 2016.

⑤ K. Muradov, "Structure and Length of Value Chains", *SSRN Electronic Journal*, No. 12, 2016, http：//www.ssrn.com/abstract = 3054155.

但从理论和应用上来看，Koopman 和王直的模型（以下简称 KW 模型）仍然存在缺陷：（1）其模型基础只包含了三个国家，本质上是所有双边贸易的总和，难以解释更长的贸易链条；（2）研究的贸易方向为一国出口，没有建立进口模型；（3）能够计算内涵要素，但难以计算实际货值；（4）其分解项目繁多，过于烦琐。其中，第（1）点限制了对国际贸易中全部复杂的中间产品内涵能源流动的追踪；第（2）点限制了对外贸中间产品内涵能源净值的计算；第（3）点限制了对外贸中间产品能源强度的计算。Muradov 的模型能够方便应用于任意国家模型中，但其只能追踪中间产品的跨国次数，却难以追踪中间产品的不同流向，且仍然没有解决上述第（2）和第（3）点中的问题。

（二）国际贸易中间产品及其内涵要素模型

针对上述问题，本书以 MRIO 模型和"内涵"的概念为基础，提出国际贸易中间产品及其内涵要素模型。

参考现有研究的惯例，记 MRIO 模型的投入产出系数矩阵为 A，总产出矩阵（列向量）为 X，最终消费矩阵为 Y，Leontief 逆矩阵为 L，单位矩阵为 I。

根据投入产出理论，各矩阵间存在关系：

$$AX + Y = X \tag{1}$$

$$L = (I - A)^{-1} \tag{2}$$

假定 MRIO 矩阵中共包含了 r 个经济体，其中某经济体为 p，其余经济体的集合为 q，有 $r = p \cup q$。记分块矩阵下标 pq 的经济学含义是经济体 q 对经济体 p 的产品的需求。考虑到 A、X、Y、L 可进行同样的线性变换不影响求解结果，不妨设 p 为第一个经济体，那么可得 A 的分块矩阵：

$$A = \begin{bmatrix} A_{pr} \\ A_{qr} \end{bmatrix} = \begin{bmatrix} A_{pp} & A_{pq} \\ A_{qp} & A_{qq} \end{bmatrix} \tag{3}$$

同理 L 的分块矩阵：

$$L = \begin{bmatrix} L_{pr} \\ L_{qr} \end{bmatrix} = \begin{bmatrix} L_{pp} & L_{pq} \\ L_{qp} & L_{qq} \end{bmatrix} \tag{4}$$

Y 的分块矩阵：

$$Y = \begin{bmatrix} Y_{pr} \\ Y_{qr} \end{bmatrix} = \begin{bmatrix} Y_{pp} & Y_{pq} \\ Y_{qp} & Y_{qq} \end{bmatrix} \tag{5}$$

X 的分块矩阵：

$$X = \begin{bmatrix} X_p \\ X_q \end{bmatrix} \tag{6}$$

特别指出，L 与 A 对应的分块矩阵之间不存在 $L = (I - A)^{-1}$ 的关系，如 $L_{pp} \neq (I - A_{pp})^{-1}$。

在基本的 MRIO 模型中，一个经济体 p 生产的最终消费品包括境内最终消费品Y_{pp}和出口最终消费品Y_{pq}两个部分。考虑到中间产品国际贸易的存在，经济体p生产的中间产品中有一部分出口至境外用于境外最终消费品生产而不再参与到经济体p境内的生产活动中，因此对于经济体p来说，这部分中间产品也可以视作最终产出。本书将其定义为中间产品最终出口，记作Int_{pq}，把Int_{pq}与Y_{pp}和Y_{pq}之和称为经济体p的区域最终产出。显然区域最终产出之和要大于各区域最终消费之和而小于各区域总产出之和；只有在各区域之间没有中间产品贸易时，区域最终产出之和才等于各区域最终消费之和。

因此，如果将一个经济体p的区域最终产出定义为FO_p，则其应包含三个部分：境内最终消费品Y_{pp}，出口最终消费品Y_{pq}和出口至境外用于境外最终消费品生产的中间产品最终出口Int_{pq}，其中Y_{pq}和Int_{pq}出口到境外，即：

$$FO_p = [Y_{pp} \quad Y_{pq} + Int_{pq}] \qquad (7)$$

经济体p的中间产品出口部分Int_{pq}是最终用于境外消费品生产的，而不包含在国外经过生产加工后又作为中间产品重新回到p经济体境内的中间产品。其推导过程如下。

经济体q产出的消费品为：

$$Y_{qr} = [Y_{qp} \quad Y_{qq}] \qquad (8)$$

其对 p 经济体中间产品的一次直接需求为 $A_{pq}Y_{qr}$，二次间接需求为 $A_{pq}A_{qq}Y_{qr}$，三次间接需求为 $A_{pq}A_{qq}^2Y_{qr}$，以此类推。

所以出口至境外用于境外最终消费品生产的中间产品总量为：

$$Int_{pq} = A_{pq}Y_{qr} + A_{pq}A_{qq}Y_{qr} + A_{pq}A_{qq}^2Y_{qr} + \cdots$$
$$= A_{pq}(I - A_{qq})^{-1}Y_{qr} \qquad (9)$$

因此经济体 p 的区域最终产出为：

$$FO_p = [Y_{pp} \quad Y_{pq} + A_{pq}(I - A_{qq})^{-1}Y_{qr}] \qquad (10)$$

参考公式（9），经济体 p 生产 FO_p 的最终产品，其对境外中间产品的一次直接需求为 $A_{qp}FO_p$，二次间接需求为 $A_{qp}A_{pp}FO_p$，三次间接需求为 $A_{qp}A_{pp}^2FO_p$，以此类推。

称经济体 p 的生产所需要直接进口的境外中间产品为实际进口中间产品，记为 Z_{qp}，则：

$$Z_{qp} = A_{qp}FO_p + A_{qp}A_{pp}FO_p + A_{qp}A_{pp}^2FO_p + \cdots$$
$$= A_{qp}(I - A_{pp})^{-1}FO_p \qquad (11-a)$$

根据投入产出理论，经济体 p 的最终产出的完全需求包括对境内中间产品的完全需求和对境外中间产品的完全需求两个部分，可以表达为：

$$TD_p = \begin{bmatrix} L_{pp}FO_p \\ L_{qp}FO_p \end{bmatrix} \qquad (12)$$

$L_{pp}FO_p$ 和 $L_{qp}FO_p$ 分别为经济体 p 的区域最终产出

对境内中间产品的完全需求DTD_{qp}和对境外中间产品的完全需求ITD_{qp}。由于ITD_{qp}最终以进口的形式进入经济体p并成为经济体p生产的最终产品的一部分，为了体现其最终流向并避免混淆，我们将其称之为经济体p的完全进口中间产品。

根据Z_{qp}和ITD_{qp}的经济学定义，二者应存在以下数学关系：

$$ITD_{qp} = L_{qq} Z_{qp} \qquad (13)$$

证明：根据公式（2）（3）（4），有：

$$\begin{bmatrix} L_{pp} & L_{pq} \\ L_{qp} & L_{qq} \end{bmatrix} \left(I - \begin{bmatrix} A_{pp} & A_{pq} \\ A_{qp} & A_{qq} \end{bmatrix} \right) = \begin{bmatrix} I_p & 0 \\ 0 & I_q \end{bmatrix} \qquad (14)$$

因此其第二行第一列分块矩阵存在关系：

$$L_{qp} - (L_{qp} A_{pp} + L_{qq} A_{qp}) = 0$$

即：

$$L_{qp} = L_{qq} A_{qp} (I - A_{pp})^{-1}$$

所以：

$$L_{qp} FO_p = L_{qq} A_{qp} (I - A_{pp})^{-1} FO_p$$

即为公式（13），证毕。

由于矩阵L_{qq}必然可逆，由公式（13）可知：

$$Z_{qp} = L_{qq}^{-1} L_{qp} FO_p \qquad (11-b)$$

根据本书的经济学定义，经济体p的区域最终产出FO_p对境内中间产品的完全需求DTD_{qp}应为经济体p的总产出，即存在以下数学关系：

$$DTD_{qp} = X_p \qquad (15)$$

$L_{pp} FO_p = L_{pr} \cdot Y$，化简后为：

$$L_{pp} A_{pq} (I - A_{qq})^{-1} = L_{pq} \qquad (16)$$

证明命题公式（16）成立即证明命题公式（15）成立。现证明命题公式（16）：公式（14）中第一行第二列分块矩阵存在关系：

$$L_{pq} - (L_{pp} A_{pq} + L_{pq} A_{qq}) = 0$$

即：

$$L_{pq} = L_{pp} A_{pq} (I - A_{qq})^{-1}$$

故命题公式（16）成立，即命题公式（15）成立。这也证明了本书推理的正确性。

与经济体 p 类似，经济体 q 的最终产出的完全需求分为两部分：

$$TD_q = \begin{bmatrix} L_{pq} FO_q \\ L_{qq} FO_q \end{bmatrix} \qquad (17)$$

其中 $L_{qp} FO_q$ 为经济体 q 的最终产出对经济体 p 的中间产品完全需求 ITD_{pq}。根据公式（12），可得经济体 p 的中间产品实际出口：

$$Z_{pq} = A_{pq} (I - A_{qq})^{-1} FO_q = L_{pp}^{-1} L_{pq} FO_q \qquad (18)$$

需要指出的是 $Z_{pq} \neq Int_{pq}$。这是因为 Z_{pq} 包含三个部分，分别是用于经济体 q 自身消费的最终产品生产的中间产品、用于经济体 q 出口到经济体 p 的消费品生产的中间产品和用于经济体 q 出口到经济体 p 的中间产品的生产的中间产品。而Int_{pq}则全部进入经济体 q 的消费品生产中（无论是被经济体 q 自身消费还是出口到经济体 p），并不用于经济体 q 出口到经济体 p 的中间产品的生产中。

与 Koopman 和王直的模型（二者实质上等价）相比，本书的模型有以下几个优势：（1）基于矩阵的线性变换，本书把境外经济体视为一个整体，涵盖了全部贸易流动，克服了 KW 模型把某经济体对外的全部双边贸易叠加视为多边贸易，三国模型难以覆盖漫长产业链条的理论缺陷。（2）利用分块矩阵，能够处理部门数任意不同的经济体集合。（3）能够同时核算中间产品的进口和出口，而 KW 模型只能从单一方向进行核算。（4）能够核算中间产品贸易的实际货值和内涵要素量，而 KW 模型难以核算实际货值。

（三）小结

在对中间产品问题研究现状和不足进行了全面的回顾和分析之后，本书确立了先建立中间产品模型，再讨论中间产品内涵能源问题的基本思路。本章在投入产出理论的基础上，通过提出新的投入产出概念、展开严密的理论推理、给予完善的数学证明过程，构建了中间产品国际贸易模型，并与现有的 KW 模型的特点进行了对比。

本章对投入产出模型贡献了以下五个方面的创新。一是从投入产出模型的基本思想出发，提出了中间产品最终出口的概念，把中间产品产出划分为了进入内循环和外循环的两个部分。二是把握最终产出的内涵，提出了区域最终产出的概念，本质上拓展了投入产出模型的结构和其内部联系。三是依据中间需求的原理，分析了区域最终产出和完全需求之间的关系。四是根据矩阵的性质，提出了投入产出模型重组后一分为二的数学推理思路。五是提出了用境外需求反求本国出口的思路。

本章的推理是以 MRIO 中的某一经济体为例，但从数学上可以看出，本章推理的前提条件并不局限于 MRIO 模型，也不局限于某一经济体，因此本章提出的中间产品模型可以推广至任意投入产出模型，包括整体模型和局部模型。例如，本章定义的 p 经济体，可以由任意经济体的任意部门组合而成。只要将任意个数的部门视为一个经济实体，即可推广到其他各类 IO 模型之中。虽然本章的模型是为计算中间产品内涵能源而建立的，但只要把能耗系数替换为其他系数，如增加值、排放、就业等，就可以把该模型推广到其他领域的研究之中。

下面的章节将以本章的模型为基础，对中国的进出口中间产品内涵能源有关问题进行实证研究。

三 进出口中间产品内涵能源核算与特征研究

（一）进出口中间产品内涵能源问题研究现状

随着国际贸易的发展，生产和制造已经在地域上高度分离，也使得能源消费与产品消费分离。以中国为例，在中国境内生产的中间产品或最终消费品，有相当一部分出口到了其他经济体供进一步生产或消费之用。为了满足其他经济体对这些产品的需要，中国消耗了大量的能源（其中相当一部分是进口），在境内造成了巨大的排放和污染，即落入了所谓的"贸易—气候"困境。[1] 目前，国际贸易对于全球能源消费的影响已经得

---

[1] Z. Liu et al., "Targeted Opportunities to Address the Climate - Trade Dilemma in China", *Nature Climate Change*, 2015.

到了广泛关注，第五次 IPCC 评估报告已经将消费侧核算方案纳入并作为国际减排协作框架的依据。①

在投入产出理论和"内涵"概念的基础上，学者们对于能耗、排放的国别核算和责任归属做了大量的研究和讨论。针对这一问题，有两种基本的核算原则：一是《京都议定书》最早确立的生产侧核算方法，按照生产活动来区分环境责任。按照依据不同，还分为领地排放、完全生产排放、最终生产排放、要素驱动排放等核算方式。② 由于这一原则不能评估现实国际贸易对环境责任的影响，因此受到广泛的质疑和批评。③ 二是消费侧核算方法，依据一个经济体对最终产品的消费（包括家庭消费、政府消费、固定资本形成和库存变动）引致的全球排放。两种核算方式在理论上都能够完全而精确地将全球人类活动引起的碳排放纳入核算体系中。虽然生产侧方法是国际气候治理合作框架最早采用的核算方法，但由于忽视了发达国家

---

① 彭水军、张文城、孙传旺：《中国生产侧和消费侧碳排放量测算及影响因素研究》，《经济研究》2015 年第 1 期。

② 彭水军、张文城、卫瑞：《碳排放的国家责任核算方案》，《经济研究》2016 年第 3 期。

③ Glen P. Peters, "From Production–Based to Consumption–Based National Emission Inventories", *Ecological Economics*, Vol. 65, No. 1, 2007；陈迎、潘家华、谢来辉：《中国外贸进出口商品中的内涵能源及其政策含义》，《经济研究》2008 年第 7 期；樊纲、苏铭、曹静：《最终消费与碳减排责任的经济学分析》，《经济研究》2010 年第 1 期。

利用国际贸易实现的碳转移而饱受批评，消费侧方法则逐渐被国际社会广泛接受。以关于中国的研究为例，彭水军等利用 MRIO 模型和 WIOD（世界投入产出数据库）对中国生产侧和消费侧内涵 CO_2 排放做了计算，发现 2009 年中国生产侧内涵 CO_2 为 62.13 亿吨，其中 31.72% 由出口引起；而中国消费侧内涵 CO_2 为 47.47 亿吨，其中进口仅占 10.63%。Liu 等对中国所处的"贸易—环境困境"进行了分析。Mi 等[1]、Huang 等[2]分别利用中国能源统计年鉴、Eora 数据库等数据计算发现中国的出口内涵碳排放在 2008 年达到峰值。在国外的研究中，Barrett 等[3]、Mundaca 等[4]、Cansino 等[5]分别采用了生产侧和消费侧方法，对英国、瑞典和西班牙的内涵排放及其与经济发展趋势的关系做了研究。这些国别研究无论是基于生产侧还是消费侧，都是从

---

[1] Z. Mi et al., "China's 'Exported Carbon' Peak: Patterns, Drivers, and Implications", *Geophysical Research Letters*, No. 12, 2018.

[2] R. Huang, M. Lenzen, A. Malik, "CO_2 Emissions Embodied in China's Export", *Journal of International Trade & Economic Development*, Vol. 28, No. 8, 2019.

[3] John Barrett et al., "Consumption-Based GHG Emission Accounting: A UK Case Study", *Climate Policy*, Vol. 13, No. 4, 2013.

[4] L. Mundaca, R. Román, J. M. Cansino, "Towards a Green Energy Economy? A Macroeconomic – Climate Evaluation of Sweden's CO_2 Emissions", *Applied Energy*, No. 148, 2015.

[5] J. M. Cansino, R. Román, M. Ordóñez, "Main Drivers of Changes in CO_2 Emissions in the Spanish Economy: A Structural Decomposition Analysis", *Energy Policy*, No. 89, 2016.

生产—消费链条的一端着手，也因此其贸易方向只能是出口（生产侧）或进口（消费侧）之一。显然无法对中间产品国际贸易以及内涵要素（能源）进行有效的评估。

为了研究国际贸易中的碳转移，国际贸易的内涵能源或内涵碳的讨论很多。Davis 和 Caldeira[1]、Peters 等[2]国外学者的研究指出，发达国家的消费引发了新兴经济体的能耗增长。Weber 等[3]、Tsagkari 等[4]、Wang 等[5]分别研究了美国、波兰、印度的外贸内涵 CO_2 排放的变动历程。Ackerman 等[6]、Yu 和 Chen[7]、

---

[1] S. J. Davis, K. Caldeira, "Consumption – Based Accounting of CO_2 Emissions", *Proceedings of the National Academy of Sciences of the United States of America*, Vol. 107, No. 12, 2010.

[2] Glen P. Peters et al., "Growth in Emission Transfers via International Trade from 1990 to 2008", *Proceedings of the National Academy of Sciences of the United States of America*, Vol. 108, No. 21, 2011.

[3] Christopher Weber, L. Matthews, H. Scott, "Embodied Environmental Emissions in U. S. International Trade, 1997 – 2004", *Environmental Science & Technology*, Vol. 41, No. 14, 2007.

[4] Marula Tsagkari et al., "The Evolution of Carbon Dioxide Emissions Embodied in International Trade in Poland: An Input – Output Approach", *Environmental & Socio – Economic Studies*, Vol. 6, No. 3, 2018.

[5] Z. Wang et al., "Temporal Change in India's Imbalance of Carbon Emissions Embodied in International Trade", *Applied Energy*, No. 231, 2018.

[6] Frank Ackerman, Masanobu Ishikawa, Mikio Suga, "The Carbon Content of Japan – US Trade", *Energy Policy*, Vol. 35, No. 9, 2007.

[7] Yang Yu, Feifan Chen, "Research on Carbon Emissions Embodied in Trade Between China and South Korea", *Atmospheric Pollution Research*, Vol. 8, No. 1, 2017.

Long 等[①]、Wang 和 Zhou[②]、Wang 等[③]分别研究了美日、中韩、中日、中德等贸易内涵碳排放的影响因素。这些研究可按照方法大致分为两类：一是基于 EEBT（Embodied Energy in Bilateral Trade）的双边贸易研究，二是基于 MRIO 的多边贸易研究。EEBT 方法可以准确地量化两个经济体贸易中的中间产品及内涵能源，但会导致反馈效应从而造成核算的巨大误差。[④] Gasim[⑤]指出，EEBT 方法把中间产品贸易的内涵能源分配给了第一个使用者，而消费侧 MRIO 方法则将其归于最后的消费者。因此这两种方法在精确评估中间产品贸易的内涵能源并分配其责任上都有缺陷。而且，研究内涵能源的转移针对的不仅是国际责任分配的问题：温室气体排放带来的气候变化是全球性的，而化石能源

---

① Ruyin Long et al., "Embodied Carbon Dioxide Flow in International Trade: A Comparative Analysis Based on China and Japan", *Journal of Environmental Management*, No. 209, 2018.

② Qiang Wang, Yulin Zhou, "Imbalance of Carbon Emissions Embodied in the US – Japan Trade: Temporal Change and Driving Factors", *Journal of Cleaner Production*, No. 237, 2019.

③ Qiang Wang, Yi Liu, Hui Wang, "Determinants of Net Carbon Emissions Embodied in Sino – German Trade", *Journal of Cleaner Production*, No. 235, 2019.

④ B. Su, B. W. Ang, "Multi – Region Input – Output Analysis of CO_2 Emissions Embodied in Trade: The Feedback Effects", *Applied Energy*, Vol. 114, No. 24, 2014.

⑤ Anwar A. Gasim, "The Embodied Energy in Trade: What Role Does Specialization Play?", *Energy Policy*, No. 86, 2015.

消费产生的 SO_x、NO_x 等污染物却有很强的地域性，并不随着内涵能源的转移而转移，只有对经济体中间产品进出口的精确考察才能更好地进行研究。

国内外许多学者都指出了中间产品内涵能源研究的重要意义。彭水军提出了在 MRIO 框架下核算完全生产排放的设想，认为应把中间产品纳入考量。Meng 等[1]指出追踪全球价值链中的碳排放必须要追踪中间产品流动。很多学者就中间产品内涵能源做出了许多方法上的尝试和实证的讨论，按照思路主要可分为两类。一是从投入产出模型的中间产品投入系数入手，用因素分解等方法研究中间产品对能源需求的贡献。如 Xu 和 Dietzenbacher[2]、彭水军[3]、Meng 等[4]在结构分解分析（SDA）中讨论了中间产品的影响。这一方法的研究对象实质上是中间产品投入系数，因此无法量化中间产品的内涵能源并界定责任。二是利用 Koopman 等和王直等的价值链分解方法，依据去向和用途分解中间产品及其内涵要素的流动。如

---

[1] B. Meng, G. P. Peters, Z. Wang, "Tracing CO_2 Emissions in Global Value Chains", *Energy Economics*, Vol. 73, No. 6, 2018.

[2] Yan Xu, Erik Dietzenbacher, "A Structural Decomposition Analysis of the Emissions Embodied in Trade", *Ecological Economics*, No. 101, 2014.

[3] 彭水军、张文城、卫瑞：《碳排放的国家责任核算方案》，《经济研究》2016 年第 3 期。

[4] Jing Meng et al., "The Role of Intermediate Trade in the Change of Carbon Flows within China", *Energy Economics*, 2018.

Su 和 Thomson[①]、Meng 等[②]、Wang 等[③]、Hertwich[④]、Yan 等[⑤]均基于这种方法做了国际或省际的研究。这种方法主要有三个问题：（1）可以核算出口中间产品的内涵能源，但难以核算进口量；（2）只能计算内涵要素量，不能计算实际货值量；（3）其理论基础的实质是某一经济体与其他经济体双边贸易的总和，难以体现其他经济体之间贸易造成的影响的问题。也就是说，现有的中间产品模型不足以支撑对中间产品国际贸易内涵能源的研究。

总的来说，尽管在全球内涵能源核算中无论采用"生产侧"或"消费侧"核算方法，都将全部产业能耗无遗漏地包含其中，但由于国际产业分工和中间产品贸易的发展，现有的核算方法只从一侧进行汇总核算，难以准确细致地呈现经济体利用内涵能源的特征。

---

① Bin Su, Elspeth Thomson, "China's Carbon Emissions Embodied in (Normal and Processing) Exports and Their Driving Forces, 2006–2012", *Energy Economics*, No. 59, 2016.

② B. Meng et al., "More than Half of China's CO_2 Emissions are from Micro, Small and Medium-Sized Enterprises", *Applied Energy*, No. 230, 2018.

③ Jing Wang, Guanghua Wan, Chen Wang, "Participation in GVCs and CO_2 Emissions", *Energy Economics*, No. 84, 2019.

④ E. G. Hertwich, "Carbon Fueling Complex Global Value Chains Tripled in the Period 1995–2012", *Energy Economics*, No. 86, 2020.

⑤ Bingqian Yan, Yuwan Duan, Shouyang Wang, "China's Emissions Embodied in Exports: How Regional and Trade Heterogeneity Matter", *Energy Economics*, No. 87, 2020.

所谓的"内涵能源转移"或"碳转移",除了通过最终消费品贸易实现,还可以通过中间产品实现。例如,日本从中国进口大量粗钢用于加工机械产品,中国消耗大量能源用来炼钢,而其内涵能源随之以中间产品为载体转移到日本;当日本将制成的机械产品出口至第三国用于消费时,其内涵能源又随之转移到第三国。因此无论在"生产侧"视角还是在"消费侧"视角的核算中,钢材的内涵能源与日本无关,日本却利用这些钢材获得了增加值。因此占据产业链高端部分的发达国家,在利用境外中间产品及其内涵能源的同时,可能既不是高能耗产品的最初生产者,也不是最终消费者,其责任也就无法被界定。

对于发达经济体而言,通过进口中间产品(主要是低端高能耗中间产品)实现的能源消费转移要比直接进口消费品有至少三个显而易见的好处:(1)有效转移了能源消费带来的污染、排放、安全等问题;(2)将相关产业特别是高端部分尽可能地保留在本土,创造了增加值和就业,减少了贸易逆差;(3)排放责任更加隐蔽,能够在"生产侧"或"消费侧"的核算原则下回避部分环境责任。相应地,一个经济体出口中间产品带来的能源和排放压力也更加隐蔽。

所以,为了更全面地展现世界各经济体对能源的消费全貌，更准确地界定各经济体在节能减排方面的责任，同时也为了给中国能源与经济社会高质量发展、应对国际国内节能减排挑战提供新的思路，研究进出口中间产品内涵能源的利用问题，分析先进国家的利用模式很有意义。

（二）进出口中间产品内涵能源的核算方法

本书利用由欧盟编制的 WIOD 国际投入产出表进行研究。该投入产出表以各国家或地区公开的统计数据为基础，并包含了社会—经济数据和环境数据。该数据库分 2013 版和 2016 版。2016 版包含了 44 个经济体（由 28 个欧盟国家、15 个其他国家或地区以及剩余的国家或地区组成的 ROW 区域组成），每个经济体分为 56 个部门。其中的 43 个国家或地区的 GDP 总和约占世界 GDP 的九成，并且覆盖了绝大多数的发达经济体和国际贸易。本书使用的能源数据来自 WIOD 环境数据，包含了化石能源和核能、太阳能、风能等清洁能源。WIOD 投入产出表 2016 版本的时期为 2000—2014 年。标准煤的转换系数采用 29.3MJ/kg。GDP 数据来自国际货币基金组织。

记能源强度对角矩阵为 EI，EI 的分块矩阵为：

$$EI = \begin{bmatrix} EI_p & 0 \\ 0 & EI_q \end{bmatrix} \quad (19)$$

对应境内和境外完全需求，经济体 p 的最终产出所包含的内涵能源也被区分为来自境内消耗和来自境外消耗的两个部分，分别为：

$$EE_p = \begin{bmatrix} EI_p L_{pp} FO_p \\ EI_q L_{qp} FO_p \end{bmatrix} \quad (20)$$

$EI_p L_{pp} FO_p$ 和 $EI_q L_{qp} FO_p$ 分别为经济体 p 的区域最终产出中包含的境内内涵能源 DEE_p 和境外内涵能源 IEE_p。我们将 IEE_p 称为经济体 p 的进口内涵能源。

根据公式（20），经济体 p 的出口中间产品的内涵能源即经济体 q 的进口中间产品的内涵能源为：

$$EEE_p = EI_p L_{pq} FO_q \quad (21)$$

下面对 44 个经济体的进口、出口、进出口中间产品内涵能源进行比较分析。

（三）进出口中间产品内涵能源的国际比较

1. 进口中间产品内涵能源的国际比较

我们用图 3-1 中的三个指标来展示 2014 年各经济体对进口中间产品内涵能源的利用情况：横坐标为经济体进口中间产品内涵能源占内涵能源总量的比重

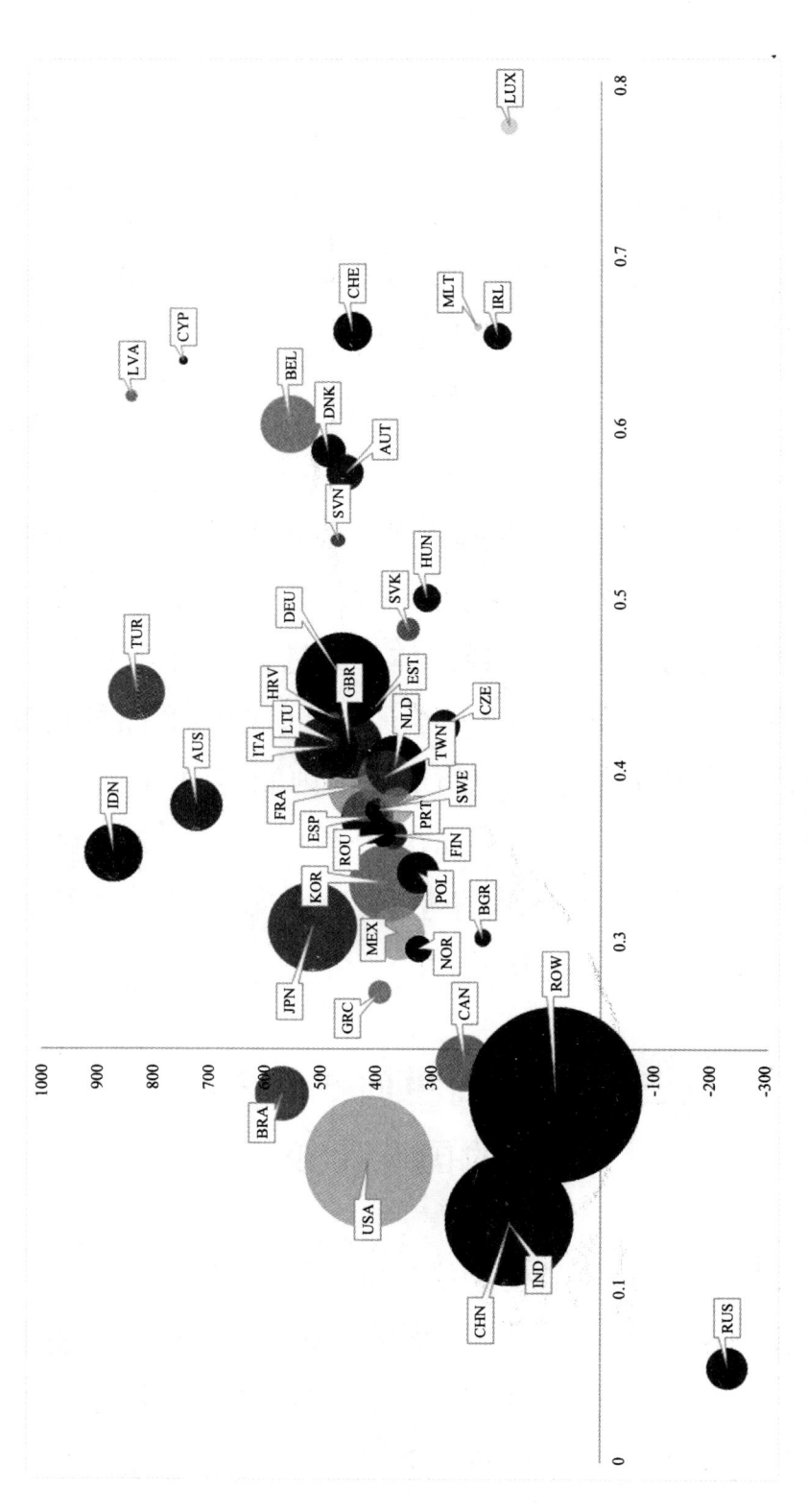

图 3-1 中间产品内涵能源进口情况的国际比较

$\varepsilon_1 = \frac{IEE}{DEE + IEE}$，横坐标轴原点为国际平均比重 23.70%；纵坐标为进口中间产品内涵能源强度与境内内涵能源强度之差 $\Delta_1 = \frac{IEE}{Z_{qp}} - \frac{DEE_p}{GDP_p}$，纵坐标轴原点为 0；圆形的面积表示进口的内涵能源总量 IEE。用图 3-2 展示 2014 年各经济体的能源强度。用图 3-3 来展示中国、德国、美国三个经济体 2000—2014 年的进口中间产品内涵能源总量。

(1) IEE、ε_1 和 Δ_1 的国际比较

美国是单一经济体进口中间产品内涵能源最多的国家，总量约 906MTCE（百万吨标准煤）；其次是中国为 900MTCE 和德国为 494MTCE；日本、韩国、法国、英国、印度、意大利和荷兰分别居于第 4 到第 10 位。若将欧盟视为一个整体，则其进口中间产品内涵能源达到 2472MTCE，远超东亚三国（中国含台湾地区、日本、韩国）的 1842MTCE 和北美自贸区三国（美国、加拿大和墨西哥）的 1239MTCE。而当年，欧盟地区的 GDP 总和为 15.63 万亿美元，美国 GDP 为 17.52 万亿美元，东亚三国 GDP 总和为 16.81 万亿美元。可见欧盟国家对中间产品内涵能源的需求很大。

进口中间产品内涵能源利用比重最高的是卢森堡（LUX），达到 77.33%。最终产出（FO_p）最多的二十大经济体中，瑞士（CHE）的利用比重是最高的，为

65.42%。而进口中间产品内涵能源最多的二十大经济体中，利用比重最高的是比利时（BEL），为60.06%。利用率最低的是俄罗斯和印度，分别为5.48%和13.79%。中国（13.93%）、美国（17.28%）、巴西（21.17%）和加拿大（21.18%）的利用率也低于世界平均水平。造成这些国家利用水平低的原因可能各不相同。中国、美国、印度可能是由于其巨大的国内市场支持了国内中间产品的生产。俄罗斯、巴西、加拿大则可能是由于其产业结构相对单一，对中间产品需求相对较少。

进口中间产品内涵能源强度与境内内涵能源强度之差Δ_1正值最大的是印度尼西亚（IDN）和土耳其（TUR），分别达到870.73TCE/MD（吨标准煤/百万美元）和831.22TEC/MD。这主要是因为两国均进口了大量的能源强度很高的炼焦和石化产品：印度尼西亚进口的炼焦和石化中间产品的内涵能源占总量的47.4%，为全球最高；而土耳其的比重为35.4%，在主要经济体中仅次于澳大利亚的37.0%，而澳大利亚的Δ_1也高达723.47TEC/MD。作为对比，中国进口的炼焦和石化中间产品内涵能源总量为96.38MTCE，是印度尼西亚的1.1倍，不到美国的50%。在进口中间产品内涵能源中占比为10.7%，而美国是23.9%。倘若中国的进口达到美国的水平，必然能够减少大量的能源消费和碳排放。

研究范围中仅有俄罗斯的进口中间产品的内涵能源强度低于境内内涵能源强度，为 -227.93TCE/MD。

(2) 各经济体的象限分布

横纵坐标轴把图 3-1 分为四个区域：第一象限表示 $\varepsilon_1 > 23.70\%$ 且 $\Delta_1 > 0$；第二象限表示 $\varepsilon_1 < 23.70\%$ 且 $\Delta_1 > 0$；第三象限表示 $\varepsilon_1 < 23.70\%$ 且 $\Delta_1 < 0$；第四象限表示 $\varepsilon_1 > 23.70\%$ 且 $\Delta_1 < 0$。

从图 3-1 可见，以欧盟国家为主的绝大多数经济体均位于第一象限。这些经济体在国际中间产品贸易中属于中间产品内涵能源的输入者和利用者，能够通过利用进口中间产品内涵能源来转移排放，同时发展本国的高端产业链条。美国、中国、印度、加拿大、巴西和 ROW（世界其他经济体总和）位于第二象限。俄罗斯位于第三象限。研究范围中的经济体没有出现在第四象限。也就是说，本研究中的 43 个独立经济体，除俄罗斯之外都进口能源强度比本国能源强度更高的中间产品（ROW 中可能有许多经济体的进口能源强度低于本国能源强度）。以欧盟国家为代表的经济体对境外中间产品的利用率要显著高于世界平均水平。

(3) 境内内涵能源强度与境外内涵能源强度的关系

经过前文的建模分析可知，经济体在生产的过程中消费的能源包括境内和境外两个部分,其中境外部分是通过进口中间产品实现的。因此,本书把某经济体 i 的完全内涵能源强度 TEI_i 定义为境内内涵能源强度与境外内涵能源强度之和,即:

$$TEI_i = DEI_i + AEI_i = \frac{DEE_i}{GDP_i} + \frac{IEE_i}{GDP_i} \quad (22)$$

其中,DEI 为境内内涵能源强度。AEI 为境外内涵能源强度,即某经济体单位产值在境外引发的能源消费量。

通过图 3-2 可见各经济体的内涵能源强度水平。显然,完全内涵能源强度能够比境内内涵能源强度更好地反映一个经济体产生单位 GDP 时在全球消费的能源和引致的环境压力。有些经济体,如瑞士(CHE)、爱尔兰(IRL)、卢森堡(LUX)甚至能源强度较高的比利时(BEL),其境外内涵能源强度比在境内的内涵能源强度还要高,这就意味着其生产过程在境外引致的能耗与排放比境内更多,而这一点在常见的生产侧或消费侧核算方法中是没有体现的。[①] 单纯的境内内涵能源强度也不能体现经济体间的能源强度差异:例如,境内内涵能源强度最低的卢森堡是最高的俄罗斯的 4.4%;而考察完全内涵能源强度,卢森堡是俄罗斯的

---

① 彭水军、张文城、卫瑞:《碳排放的国家责任核算方案》,《经济研究》2016 年第 3 期。

图3-2 各经济体内涵能源强度

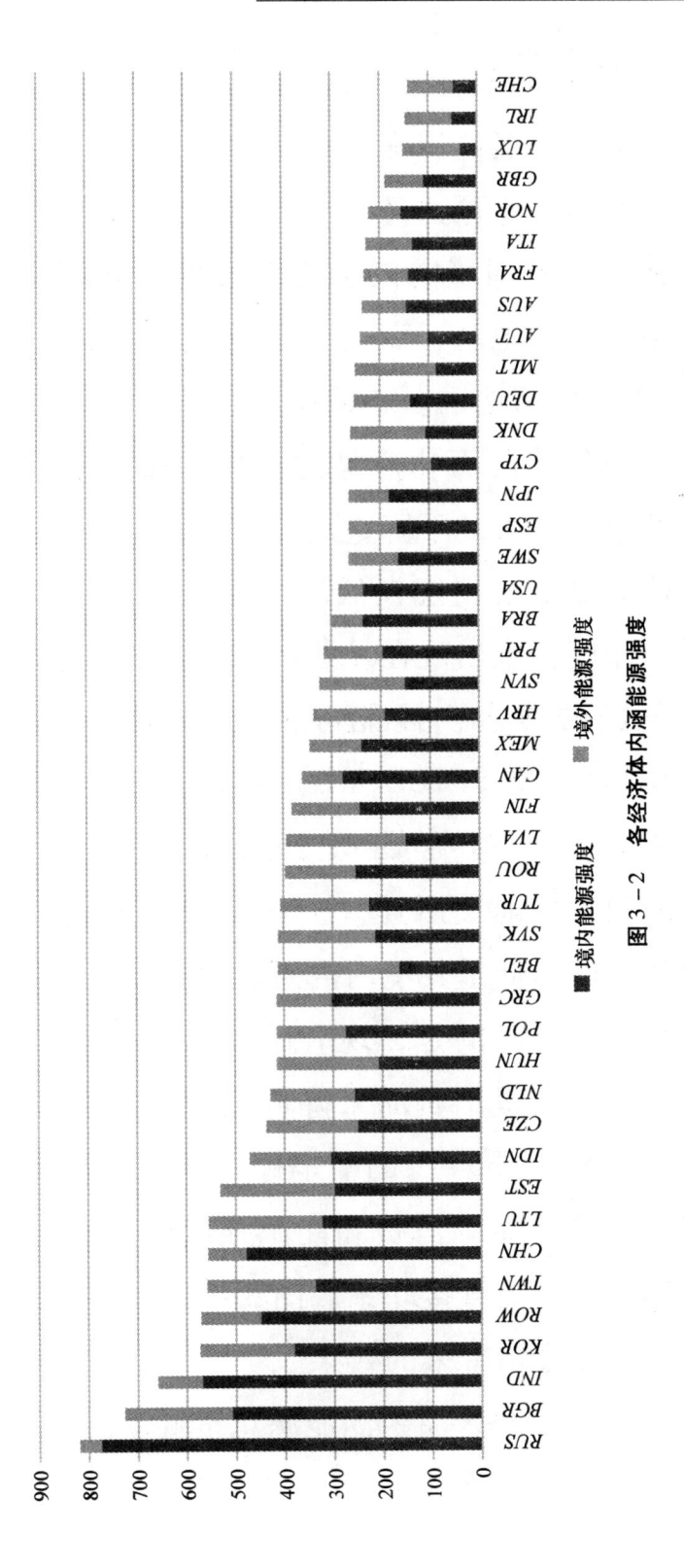

18.5%。也就是说，经济体在完全能源强度方面的差异并没有境内内涵能源强度反映的那么大。

可以看出，中国（不计台湾地区）在能源强度方面被高估了。中国境内内涵能源强度显著高于ROW、韩国和中国台湾地区，而完全内涵能源强度低于韩国、ROW和中国台湾地区。如果中国能够适当扩大能源密集中间产品如炼焦石化产品的进口，那么中国境内的能源强度是有很大的下降空间的。

这种情况不仅出现在低端产业聚集的发展中国家如中国、印度，也出现在发达经济体如美国、加拿大。例如，美国的境内内涵能源强度（235.54TCE/MD）高于土耳其（225.90TCE/MD），而其完全内涵能源强度（284.76TCE/MD）远低于土耳其（406.65TCE/MD）。原因正如前文所述，土耳其进口了大量的能源密集产品进而降低了其境内内涵能源强度。

需要特别指出的是，现有研究已经揭示了发达经济体通过进口大量消费品来降低能源消费和能源强度的现象。而本书图3-1的横坐标则反映了经济体进口中间产品来降低能源消费和能源强度的事实，这与最终消费品进口并无直接联系。图3-2则进一步展示了这种进口替代策略带来的效果。

（4）进口中间产品内涵能源总量变动的比较

由于涉及的经济体数量众多，本书只选取体量接近、具有代表性的中国、德国、美国进行对比。美国是世界最大的经济体和消费国。德国则是第四大经济体，也是前十大经济体中进口中间产品内涵能源占比最高的国家。

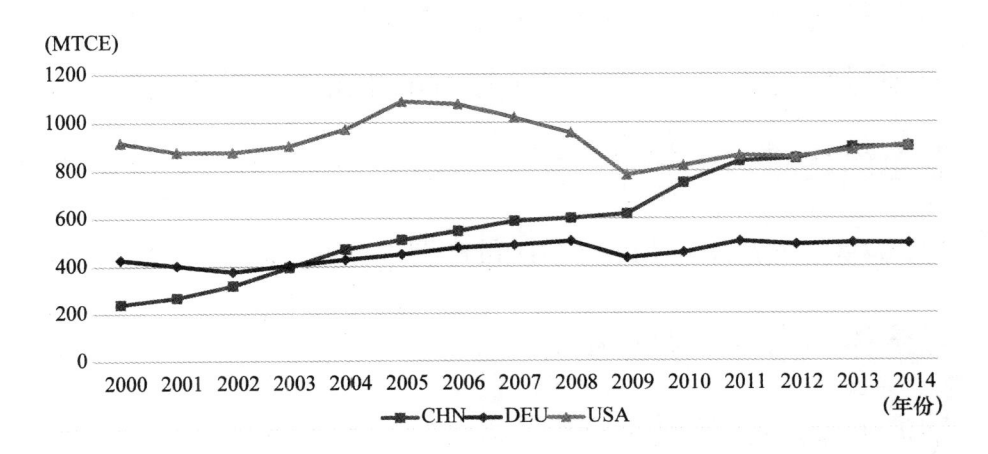

图 3-3　2000—2014 年中、德、美三国进口中间产品内涵能源总量

总体来看，三国的进口中间产品内涵能源总量都呈现上升态势，并在 2009 年出现不同程度的下降或减缓。这既反映了三国经济和国际贸易的持续增长，也直观地显示了 2008 年国际金融危机造成的影响。

德国的进口总量约为美国的 50%，二者的变动趋势具有一定的相似性。2001 年和 2002 年进口总量出现了下滑，反映了 20 世纪 90 年代的快速增长后，世界贸易连续两年的低迷和萎缩。中国的情况则有显著不同。一是总量的快速增长，2000—2014 年，增长接近 300%；二是持续稳定的增长，包括 2009 年历年均呈现速度不同的增长,可见中国经济发展的旺盛需求对于世界经济和贸易的支撑作用。

2. 出口中间产品内涵能源的国际比较

我们在图 3-4 中用三个指标 EEE、ε_2 和 Δ_2 来展示各经济体 2014 年出口中间产品内涵能源的情况。其中横坐标为经济体出口中间产品内涵能源占内涵能源总量的比重 $\varepsilon_2 = \dfrac{EEE}{DEE}$,横坐标轴原点为国际平均比重 23.84%;纵坐标为出口中间产品内涵能源强度与境外经济体的内涵能源强度之差 $\Delta_2 = \dfrac{EEE_p}{Z_{pq}} - \dfrac{DEE_q}{GDP_q}$,纵坐标轴原点为 0;圆形的面积表示出口的内涵能源总量 EEE。用图 3-5 来展示中国、德国、美国三个经济体 2000—2014 年的出口中间产品内涵能源总量。

(1) EEE、ε_2 和 Δ_2 的国际比较

中国是出口中间产品内涵能源最多的经济体,2014 年总量达到 787MTCE,其次为俄罗斯的 539 亿 TCE 和美国的 477 亿 TCE。第 4 到第 10 位分别是韩国、印度、荷兰、日本、加拿大、德国和中国台湾地区。从地区来看,出口中间产品内涵能源最多的是东亚三国,总量为 1401.9MTCE;其次为欧盟,总量为 1191MTCE;北美自贸区三国的出口总量为 736MTCE。

ε_2 体现了一个经济体将多少能源投入到用于出口的中间产品之中。该比重最高的是荷兰,为 72.09%。

其次是比利时（63.14%）、卢森堡（60.65%）、中国台湾地区（54.71%）。这些经济体具有以下特征：一是经济发达，工业技术水平高；二是自身市场较小，经济主要依赖出口；三是资源匮乏，出口产品以"两头在外"技术密集产品为主。加拿大（34.02%）、俄罗斯（33.68%）和 ROW（31.26%）的 ε_2 也较高，可能与其出口原材料的粗加工制品有关。

美国的 ε_2 是全球最低的，为 11.00%。这与美国作为世界最大的进口国和最大的消费市场的事实相互印证。其他低于国际平均水平的还有中国（14.15%）、墨西哥（16.05%）、巴西（16.40%）、印度（16.56%）、印度尼西亚（18.66%）和日本（20.34%）。这些国家均为人口过亿的大国，其能源消耗首先要满足庞大的国内消费。此外，其出口产品的结构可能也对 ε_2 比重造成影响。

与 ε_1 普遍较高的情况不同的是，欧洲大国的 ε_2 大多比较低。法国（24.06%）、英国（24.26%）、意大利（23.83%）均与国际平均水平几乎持平，仅德国（33.14%）较高，这是由于德国的出口规模远大于其他欧洲大国。根据核算，2014 年德国 GDP 和最终产出（FO_p）均是法国、英国两国的约 1.4 倍，其中间产品出口量却超过法国、英国两国的总和。

出口中间产品能源强度与该经济体的境外经济体

内涵能源强度之差 Δ_2 最大的是俄罗斯，达到 759TCE/MD，排名第二的印度为 684TCE/MD，远远高于其他经济体。其他 Δ_2 较大的重要经济体还有韩国（295TCE/MD）和中国（243TCE/MD）。

发达经济体的 Δ_2 相对较低。除韩国、荷兰（151TCE/MD）、加拿大（148TCE/MD）和中国台湾地区（145TCE/MD）显著较高外，美国（-60TCE/MD）、法国（-118TCE/MD）、澳大利亚（-125TCE/MD）、意大利（-126TCE/MD）、德国（-151TCE/MD）、英国（-185TCE/MD）的 Δ_2 均为负数。日本（18TCE/MD）的出口中间产品能源强度则稍高于其境外水平，这主要是由其出口结构决定的：日本2014年出口的中间产品内涵能源中，高能耗的化学品、冶金产品和炼焦石化产品占比近60%。荷兰的情况与日本类似，其出口的中间产品内涵能源中，能源密集的采矿产品、炼焦石化产品和化学品的占比超过了80%（荷兰是欧洲重要的天然气生产国和出口国）。本研究范围中 Δ_2 最低的是卢森堡（-309TCE/MD）和爱尔兰（-302TCE/MD）。

（2）各经济体的象限分布

与图3-1类似，图3-4也被两条坐标轴分为4个区域。第一象限表示 $\varepsilon_2 > 23.84\%$ 且 $\Delta_2 > 0$；第二象限表示 $\varepsilon_2 < 23.84\%$ 且 $\Delta_2 > 0$；第三象限表示 $\varepsilon_2 <$

23.84%且$\Delta_2<0$；第四象限表示$\varepsilon_2>23.84\%$且$\Delta_2<0$。

与图3-1经济体大多集中于第一、第二象限不同，图3-4中经济体分布得更加分散。位于第一象限的典型经济体有俄罗斯、韩国、中国台湾地区、荷兰、加拿大、ROW等。这些经济体在世界经济中属于中间产品内涵能源的输出者，能源密集产品所占比重很大。以韩国为例，其出口的中间产品的能源强度比其境外的能源强度高295TCE/MD，且其全部能耗的42.12%用于出口中间产品的生产。可以推论，韩国作为一个境内资源匮乏的国家，进口了大量的能源来为境外下游产业生产中间产品，消耗这些能源导致的污染和排放最终留在韩国境内，而进口这些中间产品的经济体却利用这些中间产品进一步生产消费品以削减经济成本和环境成本，并获得增加值。荷兰的情况比较特殊，其出口最多的五种中间产品依次为：化学品，法律会计服务、总部服务和管理咨询，批发贸易（除机动车外），矿业产品，炼焦石油产品。其出口中间产品的能源密度较大主要是其资源禀赋决定的。随着荷兰天然气产量的下降，这种特征可能会有所变化。

位于第二象限的典型经济体有中国、印度、巴西、印度尼西亚、日本等。这些经济体人口众多、境内市场很大，能源消费主要用于满足境内消费。同时，其

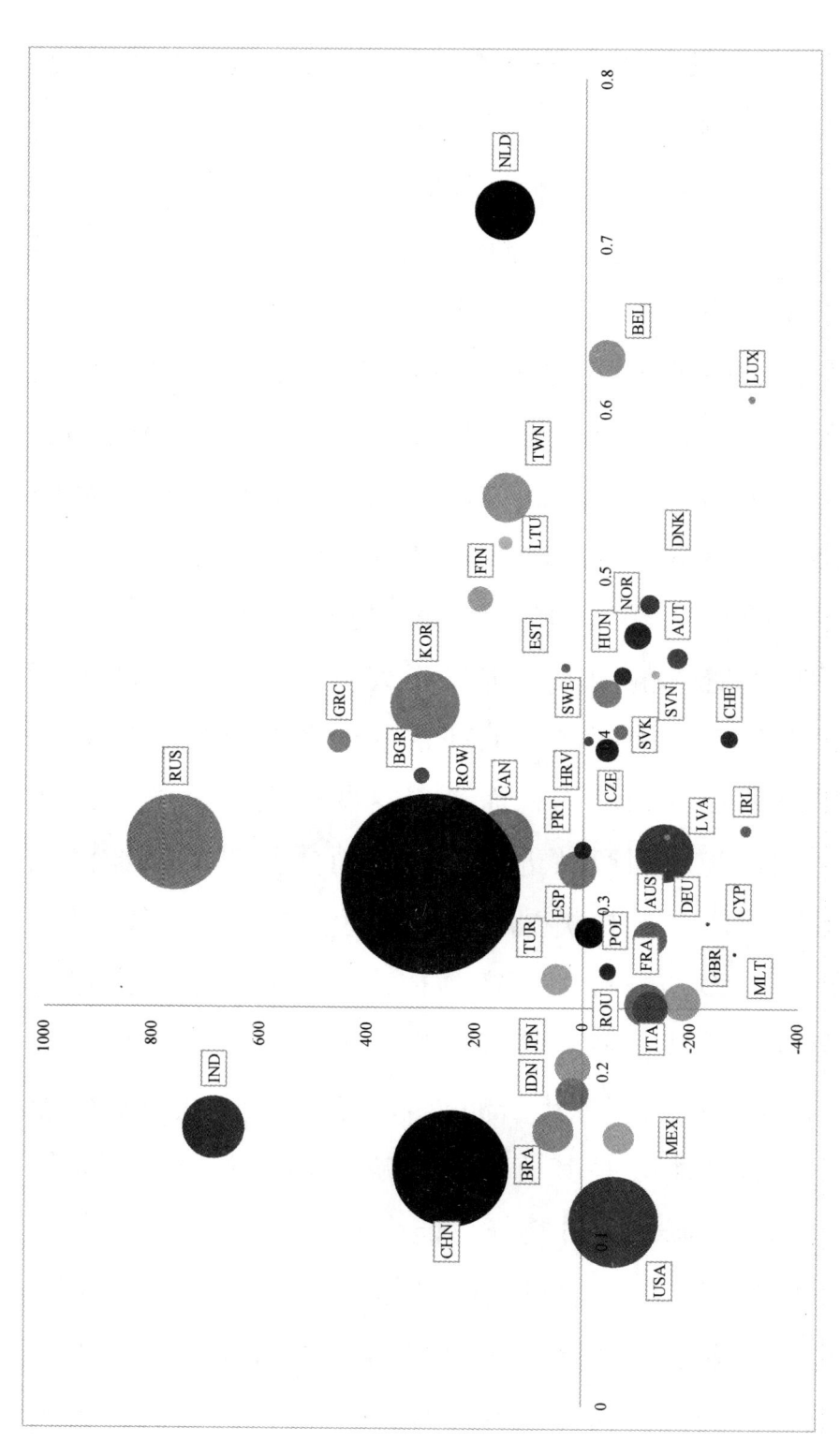

图 3-4 中间产品内涵能源出口情况的国际比较

出口中间产品的结构以能源密集产品为主。而印度、中国自身较高的能源强度也是其处于第二象限的重要原因。

第三象限包括美国和墨西哥。美国 2014 年出口中间产品价值最大的两种是化学品和炼焦石化产品，均为能源密集产品。但其出口中间产品总体能源强度较低的原因：一是美国的能源强度较低，例如其出口的化学中间产品能源强度为 569TCE/MD，仅为中国同类产品（1192TCE/MD）的一半；二是美国出口中间产品的结构分布比较均匀，各类服务和低能耗产品如电子产品等出口量也很大。同时，美国作为最大的消费国，用于出口中间产品的能源比重很小。

欧洲发达国家大部分位于第四象限，这些国家依靠其比较优势，在少量投入能源的情况下向境外出口了大量中间产品并获取增加值。

（3）出口中间产品内涵能源总量变动的比较

如图 3-5 所示，中、德、美三国的出口中间产品内涵能源总量变动之间存在显著不同。中国自 2001 年加入 WTO 起快速增长，于 2003 年超越美国。德国和美国的总量变动较为平缓：美国震荡较多，而德国平稳增长。2009 年，三国均受国际金融危机冲击，出口总量出现显著下降，其中中国的下降幅度为 24%，大于德国的 15% 和美国的 9%，这也与图 3-3 相佐证。

反映了各国经济受影响程度——中国之外的经济体包括德国和美国的进口显著下降,导致中国出口下降;而中国作为美国和德国的重要出口对象,其进口仍维持在较高水平。

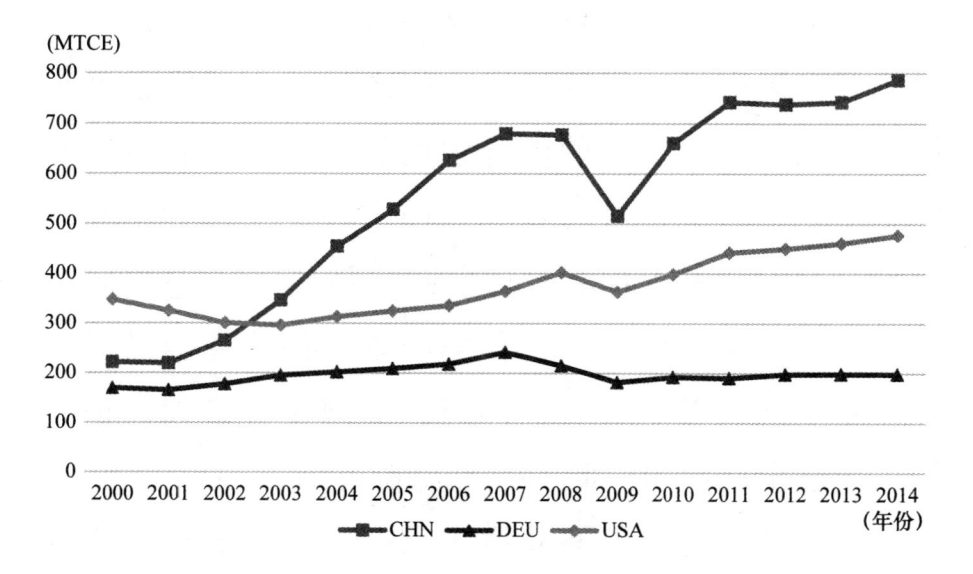

图 3-5 2000—2014 年中、德、美三国出口中间产品内涵能源总量

此外,中、德、美三国在 2001 年、2002 年的世界贸易低迷中表现不同。美国出现了明显下降,而中国和德国表现平稳。这可能是由于中国在加入 WTO 前,外贸体量较小;加入 WTO 后则对冲了世界贸易低迷。德国作为欧盟成员国,其在欧盟范围内的出口比较稳定。

出口中间产品内涵能源还有一点与进口中间产品内涵能源显著不同,就是前者受到经济体能源强度影响很大。尽管在研究期内中国出口中间产品内涵能源的总量均大于德国，但根据本书计算，直到 2011 年，中国的出口中间产品的货值（883196MD）才超过德国（830453MD）。

3. 外贸中间产品内涵能源净值的国际比较

本书将外贸中间产品内涵能源 *TEE* 定义为出口中间产品内涵能源 *EEE* 和进口中间产品内涵能源 *IEE* 的差，即 *TEE* = *EEE* – *IEE*，单位为 *MTCE*，正值表示该经济体的外贸中间产品内涵能源为顺差，负值则为逆差；把进出口中间产品能源强度差 *ΔEI* 定义为出口中间产品和进口中间产品的内涵能源强度之差，即 $\Delta EI = \dfrac{EEE_p}{Z_{pq}} - \dfrac{IEE_p}{Z_{qp}}$，单位为 *TCE/MD*。

（1） *TEE* 和 *ΔEI* 的国际比较分析

图 3 – 6 展示了 44 个经济体的 *TEE* 和 *ΔEI* 的情况。其中，*TEE* 顺差最大的是俄罗斯，达到 446MTCE；其次是 ROW，为 267MTCE。这也是全球中间产品内涵能源两个主要来源地。*TEE* 逆差最大的是美国（-429MTCE），其次为德国（-295MTCE）。日本（-239MTCE）、法国（-178MTCE）、英国（-156MTCE）经济体的中间产品内涵能源逆差也较大。中国当年的 TEE 仅为 -113MTCE，低于印度尼西亚和土耳其，说明中国对进口中间产品内涵能源的利用还处于较低水平。

44 国家智库报告

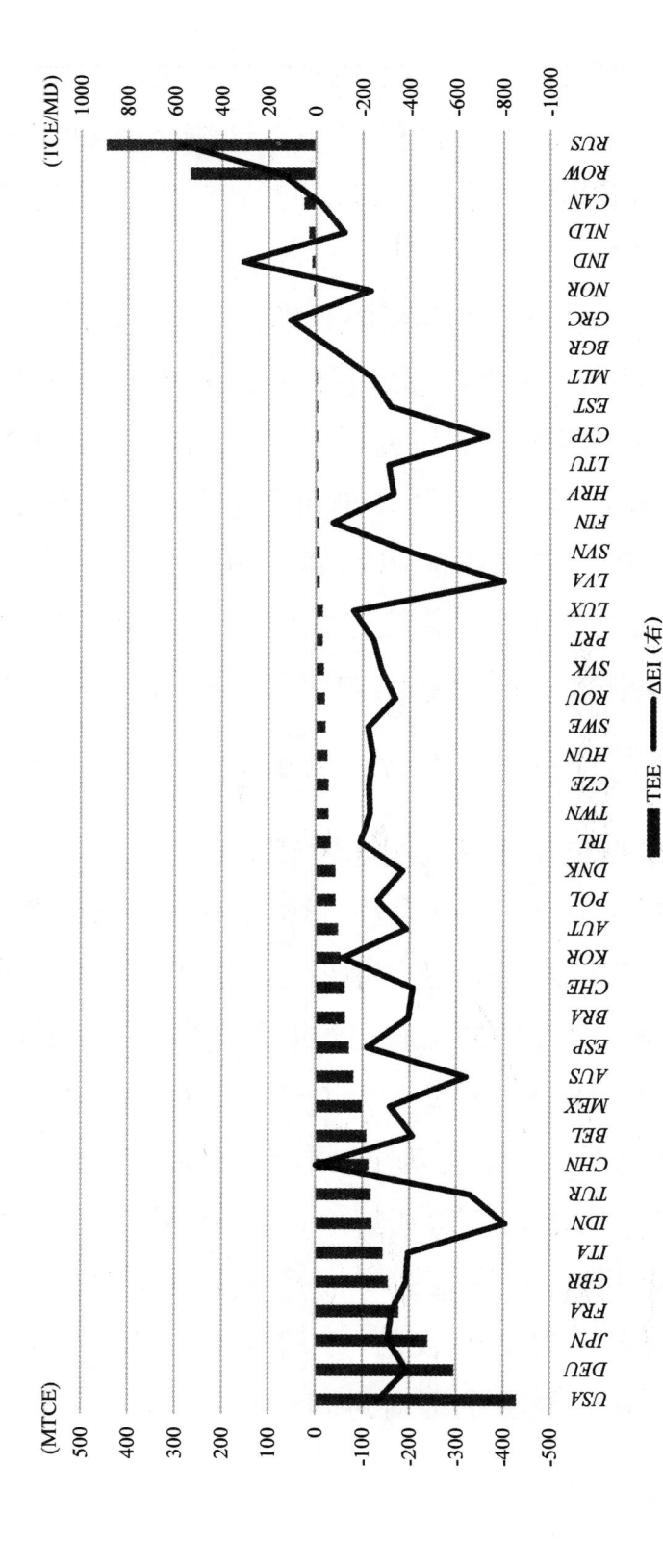

图 3-6 外贸中间产品内涵能源与进出口中间产品能源强度差

ΔEI 直接反映了经济体进出口中间产品的结构差异。ΔEI 正值最大的是俄罗斯，为 567TCE/MD；其次为印度（308TCE/MD）。中国的 ΔEI 为 -2TCE/MD，在主要经济体中较高。印度尼西亚的 ΔEI 为 -807TCE/MD，是研究范围中最低的，其原因是印度尼西亚进口了大量的能源密集中间产品。

根据 TEE 和 ΔEI 正负号不同，可将各经济体划入四个象限，如表 3-1 所示。

表 3-1　　　　　　　　TEE 和 ΔEI 的象限分布

	ΔEI 为负	ΔEI 为正
TEE 为正	加拿大、荷兰、挪威	俄罗斯、ROW、印度、希腊
TEE 为负	美国、德国等 37 个经济体	无

注：经济体名称按 TEE 绝对值大小排序。

表 3-2　　　　　　　　　行业编号对照表

编号	行业	英文名词
1	农作物与畜牧生产，狩猎和相关服务活动	Crop and animal production, hunting and related service activities
2	林业与伐木业	Forestry and logging
3	渔业与水产养殖业	Fishing and aquaculture
4	采矿和采石业	Mining and quarrying
5	食品、饮料和烟草制造业	Manufacture of food products, beverages and tobacco products
6	纺织品、服装和皮制品制造业	Manufacture of textiles, wearing apparel and leather products

续表

编号	行业	英文名词
7	除家具外的木材、木制品、软木制造业；草编制品和编制材料制造业	Manufacture of wood and of products of wood and cork, except furniture; manufacture of articles of straw and plaiting materials
8	纸和纸制品制造业	Manufacture of paper and paper products
9	记录媒介物的印刷和复制	Printing and reproduction of recorded media
10	焦炭和石化品制造业	Manufacture of coke and refined petroleum products
11	化学品和化学制品制造业	Manufacture of chemicals and chemical products
12	基本医药产品和医药制剂的制造业	Manufacture of basic pharmaceutical products and pharmaceutical preparations
13	橡胶和塑料制品制造业	Manufacture of rubber and plastic products
14	其他非金属矿物制造业	Manufacture of other non-metallic mineral products
15	基本金属的制造	Manufacture of basic metals
16	除机械设备外的金属制品制造业	Manufacture of fabricated metal products, except machinery and equipment
17	计算机、光电产品制造业	Manufacture of computer, electronic and optical products
18	电力设备制造	Manufacture of electrical equipment
19	未另分类的机器和设备制造业	Manufacture of machinery and equipment n.e.c.
20	汽车、挂车和半挂车制造业	Manufacture of motor vehicles, trailers and semi-trailers
21	其他交通设备制造业	Manufacture of other transport equipment
22	家具制造业；其他制造业	Manufacture of furniture; other manufacturing
23	机器设备的修理与安装	Repair and installation of machinery and equipment

续表

编号	行业	英文名词
24	电力、燃气、蒸汽和空调供应业	Electricity, gas, steam and air conditioning supply
25	集水、水处理和供应业	Water collection, treatment and supply
26	污水处理；废物收集、处理及处置活动；物料回收；补救活动及其他废物管理服务	Sewerage; waste collection, treatment and disposal activities; materials recovery; remediation activities and other waste management services
27	建筑业	Construction
28	汽车与摩托车的批发、零售和修理业	Wholesale and retail trade and repair of motor vehicles and motorcycles
29	除汽车与摩托车外的批发业	Wholesale trade, except of motor vehicles and motorcycles
30	除汽车与摩托车外的零售业	Retail trade, except of motor vehicles and motorcycles
31	陆路运输与管道运输业	Land transport and transport via pipelines
32	水上运输业	Water transport
33	航空运输业	Air transport
34	仓储业和运输辅助活动	Warehousing and support activities for transportation
35	邮政和快递业	Postal and courier activities
36	住宿和餐饮业	Accommodation and food service activities
37	出版业	Publishing activities
38	电影、视频和电视节目制作、录音和音乐出版业；电视编排和广播业	Motion picture, video and television programme production, sound recording and music publishing activities; programming and broadcasting activities
39	电信业	Telecommunications
40	计算机编程、咨询和相关行业；信息服务业	Computer programming, consultancy and related activities; information service activities

续表

编号	行业	英文名词
41	除保险和养恤金外的金融服务业	Financial service activities, except insurance and pension funding
42	除强制性社保外的保险、再保险和养恤金行业	Insurance, reinsurance and pension funding, except compulsory social security
43	金融和保险的辅助行业	Activities auxiliary to financial services and insurance activities
44	房地产业	Real estate activities
45	法律和会计服务业；总部活动；咨询管理业	Legal and accounting activities; activities of head offices; management consultancy activities
46	建筑和工程设计业；技术测试与分析服务业	Architectural and engineering activities; technical testing and analysis
47	科技研发业	Scientific research and development
48	广告与市场调研业	Advertising and market research
49	其他专业、科技行业；兽医业	Other professional, scientific and technical activities; veterinary activities
50	行政和辅助服务业	Administrative and support service activities
51	公共管理和防务；强制性社会保障	Public administration and defence; compulsory social security
52	教育	Education
53	卫生健康和社工业	Human health and social work activities
54	其他服务行业	Other service activities
55	个体工商业；未区分的自用产品和服务生产	Activities of households as employers; undifferentiated goods - and services - producing activities of households for own use
56	国际组织和机构活动	Activities of extraterritorial organizations and bodies

表 3-1 体现了在国际中间产品贸易中，内涵能源的流向与密度。俄罗斯等第一象限经济体是中间产品内涵能源的输出方，为其他经济体提供高能源密度的中间产品。加拿大等三个第二象限经济体均为能源资源丰富的发达国家，尽管能源产品是其主要的出口产品，但仍然实现了较低的能源强度。美国等第三象限经济体是中间产品内涵能源输入方，其输入较高能源强度的中间产品，对外出口较低能源强度的中间产品，这一过程能够降低其能源强度和排放。中国尽管处于第三象限，但能源强度仍然很高，较美国、德国有很大差距。

（2）产业结构对进出口中间产品内涵能源的影响

通过前文的分析，可以得出初步结论：俄罗斯是主要的中间产品内涵能源输出国，美国、德国是主要的中间产品内涵能源输入国和利用国。中国的中间产品内涵能源进出口体量均很大，但利用水平较低。为了更深入地探究进出口中间产品内涵能源的影响机制，本部分对中国、美国、德国进行比较分析。

图 3-7 和图 3-8 给出了中、美、德三国在不同行业的外贸内涵能源和价值，正值表示顺差，负值表示逆差。

2014 年中国外贸中间产品内涵能源逆差的部门主要有电力设备（61.9MTCE）、金属制品

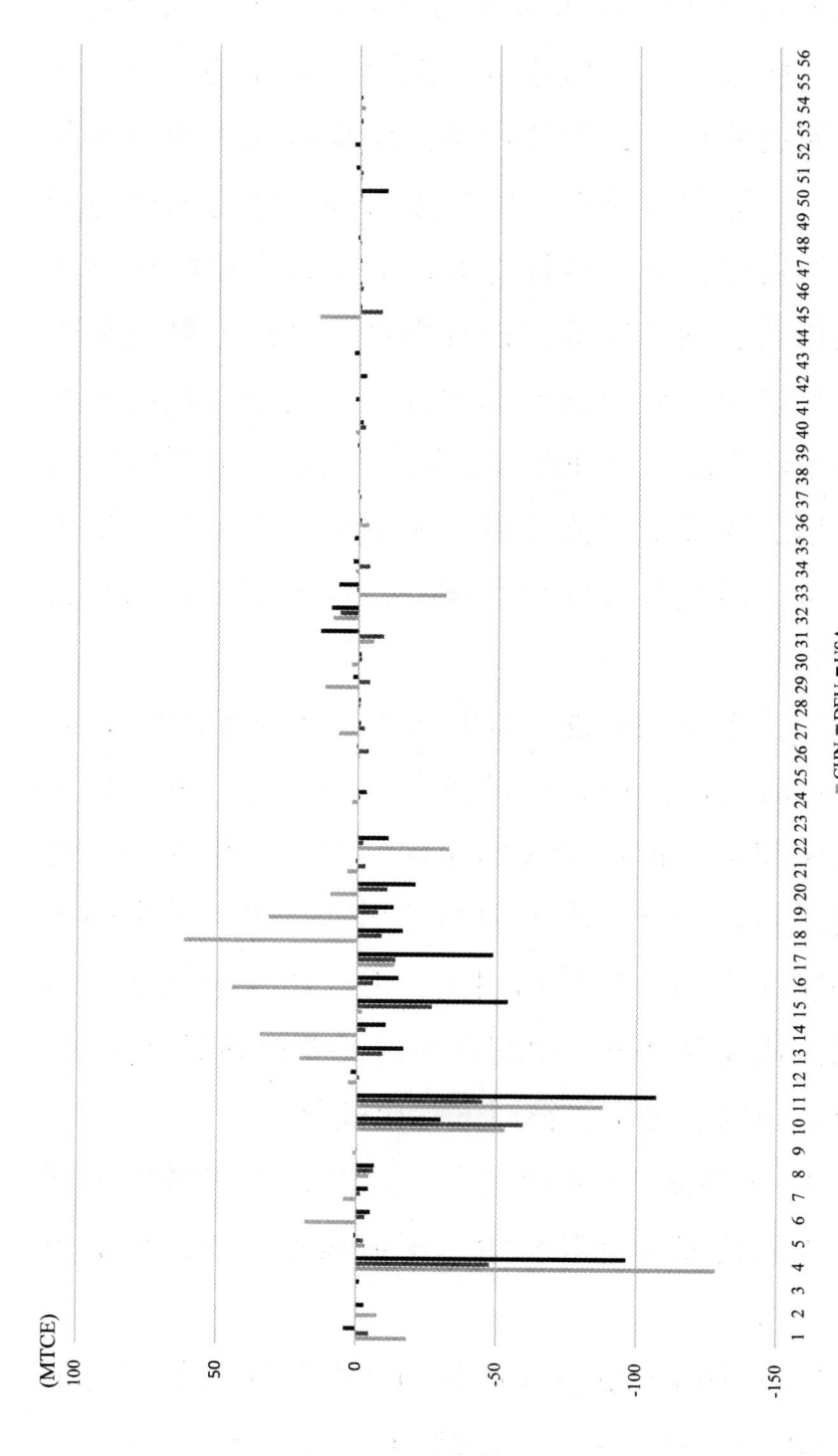

图3-7 中、美、德三国分行业外贸中间产品内涵能源

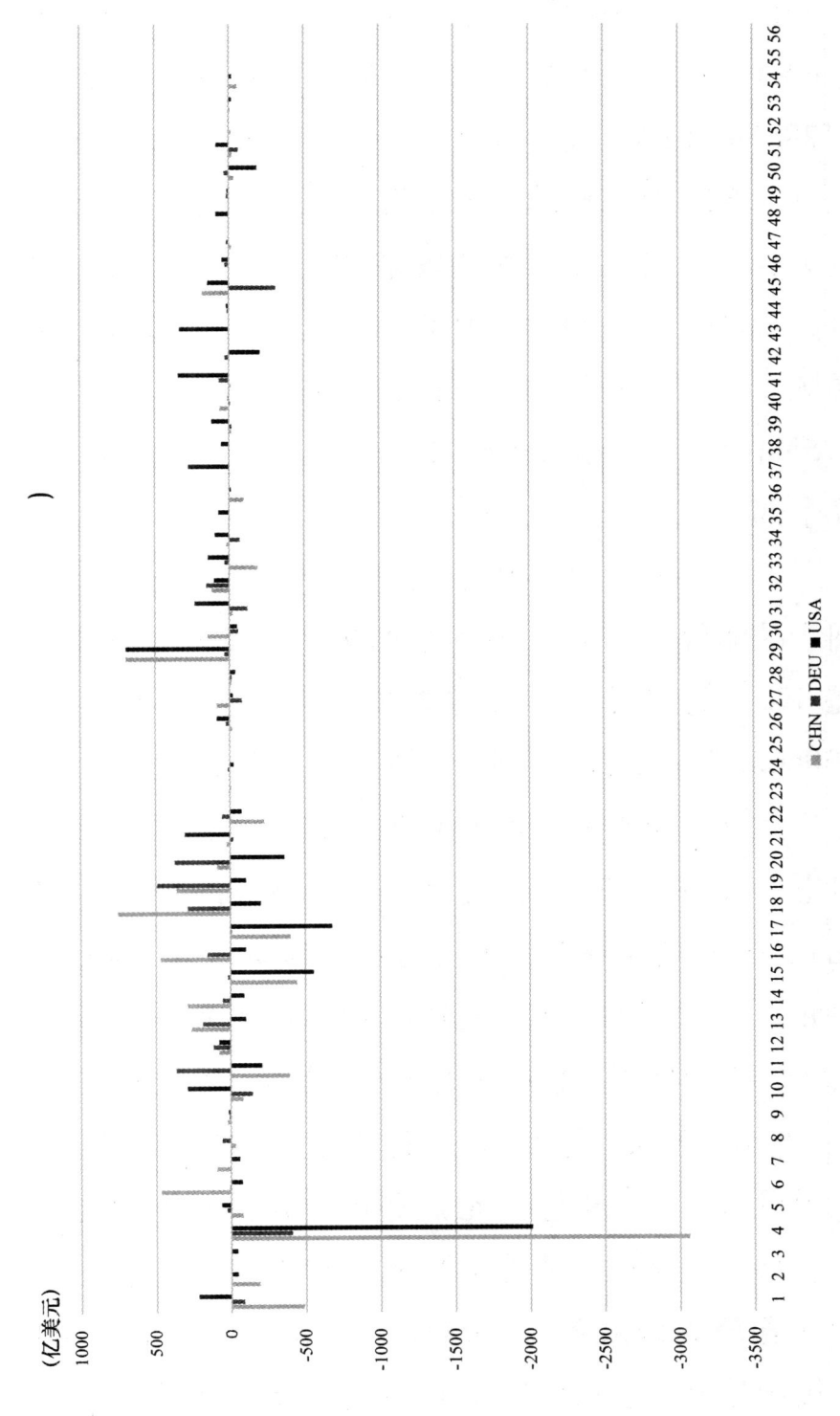

图 3-8 中、美、德三国分行业进出口中间产品价值

(44.7MTCE)、非金属制品（34.5MTCE）、机械设备（31.6MTCE）、橡塑制品（20.3MTCE）等；在矿产（-128.3MTCE）、化学品（-88.1MTCE）、炼焦石化产品（-52.9MTCE）等部门为内涵能源逆差。德国和美国各行业则几乎均为内涵能源逆差：德国仅有空运（6.5MTCE）和供水（0.02MTCE）两个部门内涵能源顺差，且顺差很小；美国的顺差则主要来自陆运（13.5MTCE）、海运（9.6MTCE）、空运（7.1MTCE）等几个部门。

图3-8展示了中、德、美三国不同行业的进出口中间产品的价值。中国2014年的中间产品贸易总额为逆差1731亿美元。造成逆差的主要原因是矿产品（-3066.3亿美元）、农牧产品（-487.7亿美元）、冶金产品（-443.1亿美元）等逆差较大；顺差主要来自电力设备（751.9亿美元）、批发贸易（695.1亿美元）、金属制品（466.0亿美元）和纺织业（463.6亿美元）。德国2014年中间产品贸易总额为顺差1217亿美元。其中顺差主要来自机械设备（489.9亿美元）、汽车（370.3亿美元）、化学品（362.5亿美元）和电力设备（283.9亿美元）等制造业，逆差主要来自矿产品（-409.1亿美元）和法律会计服务、总部活动和管理咨询服务（-311.2亿美元）。美国2009年中级产品贸易总额为逆差1431亿美元。其中逆差主

要来自矿产品（-2012.4亿美元）、计算机和光电设备（-679.2亿美元）及冶金产品（-555.7亿美元），顺差主要来自批发贸易（694.8亿美元）、非保险类金融服务（337.6亿美元）、金融辅助服务（329.2亿美元）和其他交通设备（301.3亿美元）。

图3-7和图3-8的对比展示了中、美、德三国在中间产品贸易上的差别。中国是出口导向的低端工业国，进口大量的矿产品用于生产制造，而出口的中间产品价值较低，对境外中间产品内涵能源的利用程度也很低。美国的数据显示了其三个鲜明特点。一是消费驱动的特征。美国的制造业中间产品无论在内涵能源还是价值方面都是以大量的逆差为主。二是服务业特别是金融业高度发达。美国的中间产品顺差主要来自于服务业特别是金融业。三是高端制造业发展水平高。例如美国的其他交通设备中间产品出口实现顺差300多亿美元，炼焦石化中间产品在内涵能源逆差的同时实现价值顺差287.7亿美元。德国是深度参与国际贸易的发达工业国，占据了制造业链条的高端位置。德国的制造业外贸中间产品内涵能源均为逆差，而价值均为顺差；可见德国利用从国外进口的低端中间产品，依靠本国的技术优势进行加工后创造了巨大的价值。

(3) 外贸中间产品内涵能源的时序变动

从图 3-9 看出，美国和德国都是中间产品内涵能源逆差国，2009 年后较为平稳。而中国 2009 年之前外贸中间产品内涵能源多为顺差，2009 年后转为逆差。这种转变可能是技术、结构、规模等多种因素叠加的结果。

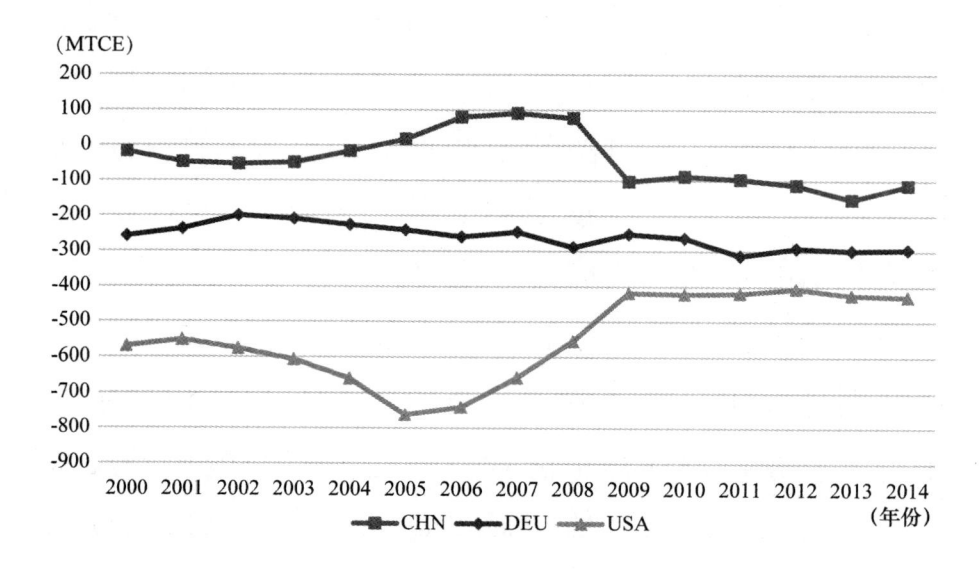

图 3-9 2000—2014 年中、德、美三国外贸中间产品内涵能源

图 3-10 反映了中、德、美三国外贸中间产品价值的净值情况。德国在研究时期内保持了中间产品外贸顺差并呈现稳定增长的趋势。中国的贸易逆差在不断扩大，但在 2014 年出现了显著的下降。美国的中间产品外贸逆差经历了三个变化阶段：2000—2006 年逐步扩大，2006—2010 年快速缩小，2011 年起又呈现扩大趋势。结合图 3-9 来看，德国在中间产品贸易和生

产方面的模式显然更为有利。

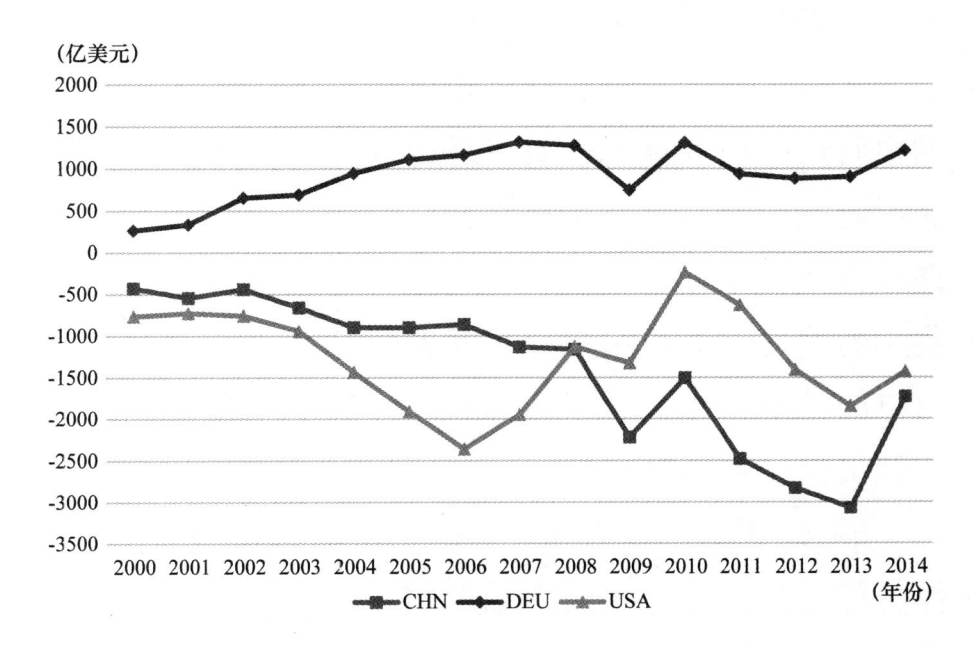

图 3-10 2000—2014 年中、德、美三国外贸中间产品价值

（四）小结

基于前文对于 WIOD 投入产出表包含的 44 个经济体的中间产品内涵能源的进出口情况的计算和讨论，可以得到以下几点结论。

第一，中间产品贸易作为国际贸易的主要形式，其中蕴含了巨量的内涵能源流动，对相关经济体的能源强度也有重大影响。欧、美、日、韩等发达经济体进口大量中间产品内涵能源，从而有效地转移了能源消耗，并降低了自身的能源强度。俄罗斯和以发展中经济体为主的 ROW 则是中间产品内涵能源的主要输出者，主要为国际市场提供能源密集中间产品。

第二，欧盟国家的能耗很大程度上依靠大量进口的中间产品内涵能源。日、韩等发达经济体对中间产品内涵能源的利用比重也较高。在出口中间产品内涵能源方面，中国台湾地区、荷兰、比利时等境内市场狭小的发达经济体出口比重很高。依赖能源密集产品出口的俄罗斯出口比重也较高。中国、美国的利用比重和出口比重都较低。

第三，中国的进出口中间产品内涵能源逆差较小，但价值逆差很大，说明中国的出口产品附加值较低而进口产品附加值很高；而且中国进口了大量的初级矿产品，对中间产品内涵能源的利用水平很低。因此从国际分工中看，中国仍然位于低端位置。

第四，德国等一些典型发达经济体进口大量低价的能源密集产品，出口低能耗的价值密集产品，形成了一种在能源和经济方面双赢的产业模式。美国主要进口制造业中间产品，出口服务业中间产品，是消费驱动型经济体。以德国和美国为代表的经济体虽然代表了两种不同的中间产品国际贸易模式，但在中间产品国际贸易中都处于有利的较高层次。

四 中间产品因素对中国能源消费的影响研究

（一）中间产品因素对中国能源消费影响的问题提出与研究综述

中国作为"世界工厂"和最大的消费市场之一，每年投入了大量的能源用于国内消费品和出口产品的生产。根据投入的生产目的不同——一部分能源被用于提供生产最终产品的动力，而其他大部分能源则被用于生产中间产品——这些能源可以分为两类，前者称为直接能源，后者称为间接能源。在完整的产业链条中，中间产品及其包含的间接能源是满足国内消费、国际消费和国际生产需求的必要前提。随着中国经济、技术的发展和对于国际产业链的更深度参与，中国中间产品的需求不断扩大，其对能源消费的影响亦愈发重要。

学界对于中国能源消费的影响因素已经做了大量

研究，以确定不同因素的效应和贡献并帮助制定有效的政策举措。其研究对象覆盖了产业部门、家庭消费、贸易以及其他活动。① 以常见的分解分析为例，学者们经常讨论的因素包括能源强度、能源结构、产业结构、总产出、人口等，而关于中间产品的讨论则较少。② 除了上述因素之外，生产过程中的整体中间投入在能源

---

① L. C. Liu et al. , "Using LMDI Method to Analyze the Change of China's Industrial CO_2 Emissions from Final Fuel Use: An Empirical Analysis", *Energy Policy*, Vol. 35, No. 11, 2007; L. C. Liu et al. , "China's Carbon Emissions from Urban and Rural Households During 1992 – 2007", *Journal of Cleaner Production*, Vol. 19, No. 15, 2011; K. Feng et al. , "Analyzing Drivers of Regional Carbon Dioxide Emissions for China", *Journal of Industrial Ecology*, Vol. 16, No. 4, 2012; P. Wang et al. , "Examining the Impact Factors of Energy – Related CO_2 Emissions Using the STIRPAT Model in Guangdong Province, China", *Applied Energy*, No. 106, 2013; S. C. Xu, Z. X. He, R. Y. Long, "Factors that Influence Carbon Emissions due to Energy Consumption in China: Decomposition Analysis Using LMDI", *Applied Energy*, No. 127, 2014; G. Deng, Y. Ding, S. Ren, "The Study on the Air Pollutants Embodied in Goods for Consumption and Trade in China – Accounting and Structural Decomposition Analysis", *Journal of Cleaner Production*, No. 135, 2016; M. Wang, C. Feng, "Using an Extended Logarithmic Mean Divisiaindex Approach to Assess the Roles of Economic Factors on IndustrialCO_2 Emissions of China", *Energy Economics*, No. 76, 2018; X. Sun, X. Liu, "Decomposition Analysis of Debt's Impact on China's energy Consumption", *Energy Policy*, No. 146, 2020.

② H. Wang, B. W. Ang, B. Su, "Assessing Drivers of Economy – Wideenergy Use and Emissions: IDA Versus SDA", *Energy Policy*, No. 107, 2017; M. Wang, C. Feng, "Using an Extended Logarithmic Mean Divisia Index Approach to Assess the Roles of Economic Factors on Industrial CO_2 Emissions of China", *Energy Economics*, No. 76, 2018.

消费中也发挥了重要作用。初级能源被转化进入特定种类的中间产品并成为内涵能源，包含了内涵能源的中间产品则被投入到下游中间产品的生产中并成为最终产品。在这一过程中，中间投入的结构和效率影响了能源消费——类似于能源结构和效率本身。由于中间结构和效率都是中间投入率的指标，为了定义清晰，本书参考"能源强度"的概念，用"中间强度"来定义中间投入率。"中间强度"与"能源强度"的概念有一个重要区别，即不同种类的能源可以通过标准化的方法加总在一起，而不同种类的中间产品不能标准化加总。能源强度的降低能够直接减少能源消费量，而中间强度的降低也能够起到类似的作用。

现有的一些讨论中间产品作用的文献大致可以分为两类：GVC（Global Value Chain，全球价值链）类研究和SDA（Structural Decomposition Analysis，结构分解）类研究。GVC类研究基于Koopman和王直的GVC分解理论，包括了Zhang等[1]的研究。这些研究计算了出口中间产品中的内涵能源或内涵碳。SDA类研究用结构分解方法计算了中间生产过程对能源消费的影响。

---

[1] Z. Zhang, K. Zhu, G. Hewings, "A Multi-Regional Input-Output Analysis of the Pollution Haven Hypothesis from the Perspective of Global Production Fragmentation", *Energy Economics*, No. 64, 2017; B. Yan, Y. Duan, S. Wang, "China's Emissions Embodied in Exports: How Regional and Trade Heterogeneity Matter", *Energy Economics*, No. 87, 2020.

Feng 等认为在中国不同区域的碳强度变迁对 CO_2 排放起到了重要的作用。Xu 和 Dietzenbacher 对贸易碳排放做了结构分解，发现国际完全中间需求加速了中国能源消费增长。Meng 等研究了省际中间产品流动对于中国碳排放的作用。最近，Xu 等[①]研究了中间产品对中国国际贸易的影响。上述两种方法，前者难以测度中间产品对能源利用的效应；后者考察了中间产品的贡献，但因素的分解过于笼统，缺少对中间过程具有更好解释性的分析。因此本书将从 SDA 类研究的不足切入对问题进行讨论。

如前文所述，中间效应的研究中广泛应用基于 IO 技术的 SDA 方法。用该方法分解后可以求得能源强度效应、完全中间需求系数效应和总消费效应。在 IO 模型中，完全中间需求系数与中间产品投入系数完全相关（中间产品投入系数 = 完全中间需求系数 – 1），但由于完全中间需求系数中包含了总消费的部分，因此 SDA 分解求得的完全中间需求系数效应一般不等于中间产品强度效应。例如，假定某种产品的完全需求系

---

① Helian Xu et al., "A Trade – Related CO_2 Emissions and Its Composition: Evidence from China", *Journal of Environmental Management*, No. 270, 2020; Guomei Zhao, Cenjie Liu, "Carbon Emission Intensity Embodied in Trade and Its Driving Factors from the Perspective of Global Value Chain", *Environmental Science and Pollution Research*, Vol. 27, No. 25, 2020.

数是2，则其完全中间需求系数为1。如果该产品的中间投入效率提升了100%，则其完全中间需求系数（即中间强度）将下降50%，此时其完全需求系数为1.5，下降了25%。这说明在分解分析中，完全需求系数变化的效应不等同于中间强度变化的效应。为了准确的估计中间强度变化对能源消费的贡献，本书将IO模型中的Leontief矩阵拆解，分离出独立的完全中间需求矩阵。

Dietzenbacher和Los曾指出，SDA的因式分解结果并不唯一。[①] 为了克服这一缺陷，本书将IDA（Index Decomposition Analysis，指数分解）方法应用于SDA分解。这种应用方法由Hoekstra和van der Bergh提出并证明可行，[②] Wachsmann等应用在了关于巴西的研究中。[③] 本书用IDA方法中的LMDI（对数平均迪氏指数）技术改进了传统SDA方法，从而获得了分解结果的唯一性，且不同因素的贡献具有总和的一致性（可

[①] Erik Dietzenbacher, Bart Los, "Structural Decomposition Techniques: Sense and Sensitivity", *Economic Systems Research*, Vol. 10, No. 4, 1998.

[②] Rutger Hoekstra, Jeroen C. J. M. van den Bergh, "Comparing Structural Decomposition Analysis and Index", *Energy Economics*, Vol. 25, No. 1, 2003.

[③] Ulrike Wachsmann et al., "Structural Decomposition of Energy Use in Brazil from 1970 to 1996", *Applied Energy*, Vol. 86, No. 4, 2008.

加性)①——不同因素贡献的可加性在评估同类因素的总贡献时具有重要作用。例如，在具备同类因素贡献可加性时，能源强度对于直接能源消费变动和间接能源消费变动的贡献即可加和在一起并讨论。其他的SDA分解技术如平均两极分解法则不能得出唯一、可加且完全的分解结果。

多数的能源消费SDA研究对在单地区IO（SRIO）的框架下对能源进行因素分解研究，省略了国内国际供应链的联系。在2019年，中国的国际贸易（包含进口和出口）规模达到4.6万亿美元，约为中国GDP（14.3万亿美元）的32%。作为全世界最大的出口国，中国的产业能源消费受到国际需求的高度影响，因此为了实现能源消费和温室气体排放的挑战性目标，对国际需求的影响进行研究就很重要。随着投资与贸易的全球化，全球供应链趋于分散和碎片化，国际贸易的主要组分已经由消费品替代为中间产品。由于SRIO模型只包含单一地区，故难以精确地衡量中间产品和最终产品的国际贸易。双边贸易模型（BTIO）则会在中间产品贸易测算中出现"反馈效应"（feedback effects）。多地区MRIO能够解决上述问题，因此本书

---

① B. W. Ang, F. L. Liu, "A New Energy Decomposition Method: Perfect in Decomposition and Consistent in Aggregation", *Energy*, Vol. 26, No. 6, 2001.

采用 MRIO 模型对国际供应链框架下的中国中间产品效应进行更精确的测算。

（二）中间产品因素影响研究的模型与数据

考虑到中国对外出口的中间产品和消费品的巨大体量，根据前文的分析，本书采用 MRIO 方法进行能源消费规模和影响因素贡献的建模分析，从而核定区域性的生产与消费、内生中间产品流动。包含 m 个经济体 n 个部门的 MRIO 模型基本框架如式（23）。

$$\begin{bmatrix} x^1 \\ x^2 \\ \vdots \\ x^m \end{bmatrix} = \begin{bmatrix} A^{11} & A^{12} & \cdots & A^{1m} \\ A^{21} & A^{22} & \cdots & A^{2m} \\ \vdots & \vdots & \ddots & \vdots \\ A^{m1} & A^{m2} & \cdots & A^{mm} \end{bmatrix} \begin{bmatrix} x^1 \\ x^2 \\ \vdots \\ x^m \end{bmatrix} + \begin{bmatrix} \sum_m y^{1m} \\ \sum_m y^{2m} \\ \vdots \\ \sum_m y^{mm} \end{bmatrix}$$

（23）

其中，x^p 是代表 p 地区的 n 个部门总产出的 n 阶向量；A^{pq} 是 p 地区出口到 q 地区的中间产品的 $n \times n$ 阶直接投入系数矩阵，是 p 地区出口到 q 地区的 n 个部门消费品的 n 阶向量；当 $p = q$ 时，y^{pq} 即境内消费。

令 X、A、Y 分别表示全球总产出、全球中间投入系数矩阵和全球总消费，公式（23）可以写作：

$$X = AX + Y = (I - A)^{-1} Y = LY = Y + KY \quad (24)$$

其中，I 是 h 阶（$h = m \times n$）单位矩阵，$L = (I - A)^{-1}$ 是 Leontief 逆矩阵，表示单位最终产出对各部门产品的完全需求。$K = L - I$ 是完全投入系数矩阵。

为了测算能源消费量，能源强度 h 阶向量对角矩阵 F 如下：

$$F = \begin{bmatrix} F^1 & 0 & \cdots & 0 \\ 0 & F^2 & \cdots & 0 \\ \vdots & \vdots & \ddots & \vdots \\ 0 & 0 & \cdots & F^m \end{bmatrix} \tag{25}$$

其中，F^p 是经济体 p 的部门能源强度的 n 阶向量。总产出 X 消费的能源向量 E 可以表示为：

$$E = F \cdot X = F \cdot L \cdot Y = F \cdot Y + F \cdot K \cdot Y \tag{26}$$

假设中国是区域 p，所有其他经济体为区域 q，全世界经济总体为 r，根据矩阵性质，矩阵 X、A、Y、L、F、E 可以经过线性变换后重新组合为如下形式而不影响等式成立：

$$X = \begin{bmatrix} X^p \\ X^q \end{bmatrix} \tag{27}$$

$$A = \begin{bmatrix} A^{pr} \\ A^{qr} \end{bmatrix} = \begin{bmatrix} A^{pp} & A^{pq} \\ A^{qp} & A^{qq} \end{bmatrix} \tag{28}$$

$$Y = \begin{bmatrix} Y^p \\ Y^q \end{bmatrix} = \begin{bmatrix} Y^{pp} + Y^{pq} \\ Y^{qp} + Y^{qq} \end{bmatrix} \tag{29}$$

$$L = \begin{bmatrix} L^{pr} \\ L^{qr} \end{bmatrix} = \begin{bmatrix} L^{pp} & L^{pq} \\ L^{qp} & L^{qq} \end{bmatrix} \quad (30)$$

$$K = \begin{bmatrix} K^{pr} \\ K^{qr} \end{bmatrix} = \begin{bmatrix} K^{pp} & K^{pq} \\ K^{qp} & K^{qq} \end{bmatrix} = \begin{bmatrix} L^{pp} - I & L^{pq} \\ L^{qp} & L^{qq} - I \end{bmatrix} \quad (31)$$

$$F = \begin{bmatrix} F^p & 0 \\ 0 & F^q \end{bmatrix} \quad (32)$$

$$E = \begin{bmatrix} E^p \\ E^q \end{bmatrix} \quad (33)$$

可得中国境内的能源消费：

$$\begin{aligned}E^p &= EI^p \cdot L^{pr} \cdot Y \\ &= EI^p \cdot L^{pp} \cdot Y^{pp} + EI^p \cdot L^{pp} \cdot Y^{pq} \\ &\quad + EI^p \cdot L^{pq} \cdot Y^{qq} + EI^p \cdot L^{pq} \cdot Y^{qp}\end{aligned} \quad (34)$$

其中，$F^p \cdot L^{pp} \cdot Y^{pp}$ 是中国境内消费品所消耗的能源，$F^p \cdot L^{pp} \cdot Y^{pq}$ 是中国出口消费品所消耗的能源，$F^p \cdot L^{pq} \cdot Y^{qq}$ 是中国出口用于国外消费品生产的中间产品所消耗的能源，$F^p \cdot L^{pq} \cdot Y^{qp}$ 是中国出口用于进口消费品的中间产品所消耗的能源。

根据公式（26），公式（34）可以表示为：

$$\begin{aligned}E^p &= F^p \cdot Y^{pp} + F^p \cdot K^{pp} \cdot Y^{pp} + F^p \cdot Y^{pq} + F^p \cdot K^{pp} \cdot Y^{pq} \\ &\quad + F^p \cdot L^{pq} \cdot Y^{qq} + F^p \cdot L^{pq} \cdot Y^{qp} \\ &= DDE + IDE + DEE + IEE + ICE + IIE\end{aligned} \quad (35)$$

其中，$DDE = F^p \cdot Y^{pp}$ 是中国国内消费品的直接能耗，$IDE = F^p \cdot K^{pp} \cdot Y^{pp}$ 是中国国内消费品的间接能耗。

$DEE = F^p \cdot Y^{pq}$ 是中国出口消费品的直接能耗，$IEE = F^p \cdot K^{pp} \cdot Y^{pq}$ 是中国出口消费品的间接能耗。$ICE = F^p \cdot L^{pq} \cdot Y^{qq}$ 是中国出口的用于国外消费品生产的中间产品的能耗，$IIE = F^p \cdot L^{pq} \cdot Y^{qp}$ 是中国出口的用于进口消费品生产的中间产品的能耗。

为了研究中间产品因素的贡献，我们对公式（35）进行分解。为了深入分析中间过程的影响，我们在公式（35）的基础上对能源消费做进一步分析。中国能源消费 e^p 用矩阵元素可以写为：

$$e^p = \sum_a f_a^p \cdot y_a^{pp} + \sum_{a,b} f_a^p \cdot k_{ab}^p \cdot y_b^{pp} + \sum_{a,c} f_a^p \cdot y_{ac}^{pq}$$

$$+ \sum_{a,b,c} f_a^p \cdot k_{ab}^p \cdot y_{bc}^{pq} + \sum_{a,d,e} f_a^p \cdot l_{ad}^p \cdot y_{de}^{qq}$$

$$+ \sum_{a,d} f_a^p \cdot l_{ad}^p \cdot y_d^{pq}$$

$$= \sum_a f_a^p \cdot \frac{y_a^{pp}}{y_{sum}^{pp}} \cdot y_{sum}^{pp}$$

$$+ \sum_{a,b} f_a^p \cdot \frac{k_{ab}^p}{k_{*b}^p} \cdot \frac{k_{*b}^p}{k_{*b}^r} \cdot k_{*b}^r \cdot \frac{y_b^{pp}}{y_{sum}^{pp}} \cdot y_{sum}^{pp}$$

$$+ \sum_a f_a^p \cdot \frac{y_{a*}^{pq}}{y_{sum}^{pq}} \cdot y_{sum}^{pq}$$

$$+ \sum_{a,b} f_a^p \cdot \frac{k_{ab}^p}{k_{*b}^p} \cdot \frac{k_{*b}^p}{k_{*b}^r} \cdot k_{*b}^r \cdot \frac{y_{b*}^{pq}}{y_{sum}^{pq}} \cdot y_{sum}^{pq}$$

$$+ \sum_{a,d} f_a^p \cdot \frac{l_{ad}^{pq}}{l_{*d}^{pq}} \cdot \frac{l_{*d}^{pq}}{k_{*d}^r} \cdot k_{*d}^r \cdot \frac{y_{d*}^{qq}}{y_{sum}^{qq}} \cdot y_{sum}^{qq}$$

$$+ \sum_{a,d} f_a^p \cdot \frac{l_{ad}^{pq}}{l_{*d}^{pq}} \cdot \frac{l_{*d}^{pq}}{k_{*d}^r} \cdot k_{*d}^r \cdot \frac{y_d^{qp}}{y_{sum}^{qp}} \cdot y_{sum}^{qp} \quad (36)$$

其中，$y_{sum}^{pp} = \sum_a y_a^{pp}$ 为国内自产总消费，$k_{*b}^p = \sum_a k_{ab}^p$ 为国内 b 部门国产中间投入系数之和，$k_{*b}^r = \sum_f k_{fb}^r$ 为中国 b 部门国内中间投入系数总和，$y_{b*}^{pq} = \sum_c y_{bc}^{pq}$ 为 b 部门出口消费品总量，$y_{sum}^{pq} = \sum_{b,c} y_{bc}^{pq} = \sum_b y_{b*}^{pq}$ 为出口消费品总量，$l_{*d}^{pq} = \sum_a l_{ad}^{pq}$ 为国外 d 部门中国中间投入系数之和，$k_{*d}^r = \sum_f k_{fd}^r$ 为国外 d 部门中间投入系数总和，$y_{d*}^{qq} = \sum_e y_{de}^{qq}$ 为国外 d 部门自产总消费，$y_{sum}^{qq} = \sum_{d,e} y_{de}^{qq} = \sum_d y_{d*}^{qq}$ 为国外自产总消费，$y_{sum}^{qp} = \sum_d y_d^{qp}$ 为中国进口消费品总量。

同时定义 $y_{str}^{pp} = \frac{y_a^{pp}}{y_{sum}^{pp}}$ 为国内消费结构，$k_{str}^{pp} = \frac{k_{ab}^p}{k_{*b}^p}$ 为国内中间结构，$k_{sha}^{pp} = \frac{k_{*b}^p}{k_{*b}^r}$ 为国内中间份额，$k_{eff}^{pp} = k_{*b}^r$ 为国内中间效率，$y_{str}^{pq} = \frac{y_{b*}^{pq}}{y_{sum}^{pq}}$ 为中国出口结构，$l_{str}^{pq} = \frac{l_{ad}^{pq}}{l_{*d}^{pq}}$ 为出口中间结构，$l_{sha}^{pq} = \frac{l_{*d}^{pq}}{k_{*d}^r}$ 为国外中间份额，$k_{eff}^{qq} = k_{*d}^r$ 为国外中间效率，$y_{str}^{qq} = \frac{y_{d*}^{qq}}{y_{sum}^{qq}}$ 为国外消费结构，$y_{str}^{qp} = \frac{y_d^{qp}}{y_{sum}^{qp}}$ 为中国

进口结构。

t 至 T 时刻，中国能源消费的变化可以记为：

$$\Delta e^p = e^{p,T} - e^{p,t}$$
$$= (\Delta f_1^p + \Delta y_{str,1}^{pp} + \Delta y_{sum,1}^{pp})$$
$$+ (\Delta f_2^p + \Delta k_{str,1}^{pp} + \Delta k_{sha,1}^{pp} + \Delta k_{eff,1}^{pp}$$
$$+ \Delta y_{str,2}^{pp} + \Delta y_{sum,2}^{pp}) + (\Delta f_3^p + \Delta y_{str,1}^{pq} + \Delta y_{sum,1}^{pq})$$
$$+ (\Delta f_4^p + \Delta k_{str,2}^{pp} + \Delta k_{sha,2}^{pp} + \Delta k_{eff,2}^{pp} + \Delta y_{str,2}^{pq}$$
$$+ \Delta y_{sum,2}^{pq}) + (\Delta f_5^p + \Delta l_{str,1}^{pq} + \Delta l_{sha,1}^{pq} + \Delta k_{eff,1}^{qq}$$
$$+ \Delta y_{str}^{qq} + \Delta y_{sum}^{qq}) + (\Delta f_6^p + \Delta l_{str,2}^{pq}$$
$$+ \Delta l_{sha,2}^{pq} + \Delta k_{eff,2}^{qq} + \Delta y_{str}^{qp} + \Delta y_{sum}^{qp}) \tag{37}$$

参考 LMDI 方法，公式（37）可由公式（36）得出，即：

$$\Delta e^p = \sum_a \omega_a^1 \left(\ln\left(\frac{f_a^{p,T}}{f_a^{p,t}}\right) + \ln\left(\frac{\frac{y_a^{pp,T}}{y_{sum}^{pp,T}}}{\frac{y_a^{pp,t}}{y_{sum}^{pp,t}}}\right) + \ln\left(\frac{y_{sum}^{pp,T}}{y_{sum}^{pp,t}}\right) \right)$$

$$+ \sum_{a,b} \omega_{a,b}^2 \left(\ln\left(\frac{f_a^{p,T}}{f_a^{p,t}}\right) + \ln\left(\frac{\frac{k_{ab}^{p,T}}{k_{*b}^{p,T}}}{\frac{k_{ab}^{p,t}}{k_{*b}^{p,t}}}\right) + \ln\left(\frac{\frac{k_{*b}^{p,T}}{k_{*b}^{r,T}}}{\frac{k_{*b}^{p,t}}{k_{*b}^{r,t}}}\right) \right)$$

$$+ \ln\left(\frac{k_{*b}^{r,T}}{k_{*b}^{r,t}}\right) + \ln\left(\frac{\frac{y_a^{pp,T}}{y_{sum}^{pp,T}}}{\frac{y_a^{pp,t}}{y_{sum}^{pp,t}}}\right) + \ln\left(\frac{y_{sum}^{pp,T}}{y_{sum}^{pp,t}}\right)\right)$$

$$+ \sum_{a} \omega_{a}^{3}\left(\ln\left(\frac{f_a^{p,T}}{f_a^{p,t}}\right) + \ln\left(\frac{\frac{y_a^{pq,T}}{y_{sum}^{pq,T}}}{\frac{y_a^{pq,t}}{y_{sum}^{pq,t}}}\right) + \ln\left(\frac{y_{sum}^{pq,T}}{y_{sum}^{pq,t}}\right)\right)$$

$$+ \sum_{a,b} \omega_{a,b}^{4}\left(\ln\left(\frac{f_a^{p,T}}{f_a^{p,t}}\right) + \ln\left(\frac{\frac{k_{ab}^{p,T}}{k_{*b}^{p,T}}}{\frac{k_{ab}^{p,t}}{k_{*b}^{p,t}}}\right) + \ln\left(\frac{\frac{k_{*b}^{p,T}}{k_{*b}^{r,T}}}{\frac{k_{*b}^{p,t}}{k_{*b}^{r,t}}}\right)\right.$$

$$\left. + \ln\left(\frac{k_{*b}^{r,T}}{k_{*b}^{r,t}}\right) + \ln\left(\frac{\frac{y_a^{pp,T}}{y_{sum}^{pp,T}}}{\frac{y_a^{pp,t}}{y_{sum}^{pp,t}}}\right) + \ln\left(\frac{y_{sum}^{pp,T}}{y_{sum}^{pp,t}}\right)\right)$$

$$+ \sum_{a,d} \omega_{a,d}^{5}\left(\ln\left(\frac{f_a^{p,T}}{f_a^{p,t}}\right) + \ln\left(\frac{\frac{l_{ad}^{pq,T}}{l_{*d}^{pq,T}}}{\frac{l_{ad}^{pq,t}}{l_{*d}^{pq,t}}}\right) + \ln\left(\frac{\frac{l_{*d}^{pq,T}}{k_{*d}^{r,T}}}{\frac{l_{*d}^{pq,t}}{k_{*d}^{r,t}}}\right)\right.$$

$$\left. + \ln\left(\frac{k_{*d}^{r,T}}{k_{*d}^{r,t}}\right) + \ln\left(\frac{\frac{y_{d*}^{qq,T}}{y_{sum}^{qq,T}}}{\frac{y_{d*}^{qq,t}}{y_{sum}^{qq,t}}}\right) + \ln\left(\frac{y_{sum}^{qq,T}}{y_{sum}^{qq,t}}\right)\right)$$

$$+ \sum_{a,d} \omega_{a,d}^6 \left(\ln\left(\frac{f_a^{p,T}}{f_a^{p,t}}\right) + \ln\left(\frac{\frac{l_{ad}^{pq,T}}{l_{*d}^{pq,T}}}{\frac{l_{ad}^{pq,t}}{l_{*d}^{pq,t}}}\right) + \ln\left(\frac{\frac{l_{*d}^{pq,T}}{k_{*d}^{r,T}}}{\frac{l_{*d}^{pq,t}}{k_{*d}^{r,t}}}\right) \right.$$

$$\left. + \ln\left(\frac{k_{*d}^{r,T}}{k_{*d}^{r,t}}\right) + \ln\left(\frac{\frac{y_d^{qp,T}}{y_{sum}^{qp,T}}}{\frac{y_d^{qp,t}}{y_{sum}^{qp,t}}}\right) + \ln\left(\frac{y_{sum}^{qp,T}}{y_{sum}^{qp,t}}\right) \right) \qquad (38)$$

其中,

$$\omega_a^1 = \frac{f_a^{p,T} \cdot y_a^{pp,T} - f_a^{p,t} \cdot y_a^{pp,t}}{\ln(f_a^{p,T} \cdot y_a^{pp,T}) - \ln(f_a^{p,t} \cdot y_a^{pp,t})}$$

$$\omega_{a,b}^2 = \frac{f_a^{p,T} \cdot k_{ab}^{p,T} \cdot y_b^{pp,T} - f_a^{p,t} \cdot k_{ab}^{p,t} \cdot y_b^{pp,t}}{\ln(f_a^{p,T} \cdot k_{ab}^{p,T} \cdot y_b^{pp,T}) - \ln(f_a^{p,t} \cdot k_{ab}^{p,t} \cdot y_b^{pp,t})}$$

$$\omega_a^3 = \frac{f_a^{p,T} \cdot y_a^{pq,T} - f_a^{p,t} \cdot y_a^{pq,t}}{\ln(f_a^{p,T} \cdot y_a^{pq,T}) - \ln(f_a^{p,t} \cdot y_a^{pq,t})}$$

$$\omega_{a,b}^4 = \frac{f_a^{p,T} \cdot k_{ab}^{p,T} \cdot y_{b*}^{pq,T} - f_a^{p,t} \cdot k_{ab}^{p,t} \cdot y_{b*}^{pq,t}}{\ln(f_a^{p,T} \cdot k_{ab}^{p,T} \cdot y_{b*}^{pq,T}) - \ln(f_a^{p,T} \cdot k_{ab}^{p,T} \cdot y_{b*}^{pq,T})}$$

$$\omega_{a,d}^5 = \frac{f_a^{p,T} \cdot l_{ad}^{p,T} \cdot y_{d*}^{qq,T} - f_a^{p,t} \cdot l_{ad}^{p,T} \cdot y_{d*}^{qq,T}}{\ln(f_a^{p,T} \cdot l_{ad}^{p,T} \cdot y_{d*}^{qq,T}) - ln(f_a^{p,t} \cdot l_{ad}^{p,T} \cdot y_{d*}^{qq,T})}$$

$$\omega_{a,d}^6 = \frac{f_a^{p,T} \cdot l_{ad}^{p,T} \cdot y_d^{qp,T} - f_a^{p,t} \cdot l_{ad}^{p,T} \cdot y_d^{qp,T}}{\ln(f_a^{p,T} \cdot l_{ad}^{p,T} \cdot y_d^{qp,T}) - ln(f_a^{p,t} \cdot l_{ad}^{p,T} \cdot y_d^{qp,T})}$$

由于 LMDI 方法的可加性,公式（37）和（38）可以重新组合成以下形式：

$$\Delta e^p = (\Delta f_1^p + \Delta f_2^p + \Delta f_3^p + \Delta f_4^p + \Delta f_5^p)$$

$$+ (\Delta y_{str,1}^{pp} + \Delta y_{str,2}^{pp}) + (\Delta y_{sum,1}^{pp} + \Delta y_{sum,2}^{pp})$$
$$+ (\Delta k_{str,1}^{pp} + \Delta k_{str,2}^{pp}) + (\Delta k_{sha,1}^{pp} + \Delta k_{sha,2}^{pp})$$
$$+ (\Delta k_{eff,1}^{pp} + \Delta k_{eff,2}^{pp}) + (\Delta y_{str,1}^{pq} + \Delta y_{str,2}^{pq})$$
$$+ (\Delta y_{sum,1}^{pq} + \Delta y_{sum,2}^{pq}) + (\Delta l_{str,1}^{pq} + \Delta l_{str,2}^{pq})$$
$$+ (\Delta l_{sha,1}^{pq} + \Delta l_{sha,2}^{pq}) + (\Delta k_{eff,1}^{qq} + \Delta k_{eff,2}^{qq})$$
$$+ \Delta y_{str}^{qq} + \Delta y_{sum}^{qq} + \Delta y_{str}^{qp} + \Delta y_{sum}^{qp}$$
$$= \Delta f^{p} + \Delta y_{str}^{pp} + \Delta y_{sum}^{pp} + \Delta k_{str}^{pp} + \Delta k_{sha}^{pp} + \Delta k_{eff}^{pp}$$
$$+ \Delta y_{str}^{pq} + \Delta y_{sum}^{pq} + \Delta l_{str}^{pq} + \Delta l_{sha}^{pq} + \Delta k_{eff}^{qq}$$
$$+ \Delta y_{str}^{qq} + \Delta y_{sum}^{qq} + \Delta y_{str}^{qp} + \Delta y_{sum}^{qp} \tag{39}$$

其中，Δf^p 反映能源强度变化对中国能源消费变化的贡献，称为能源强度效应；Δy_{str}^{pp} 反映国内消费结构变化对中国能源消费变化的贡献，称为国内消费结构效应；Δy_{sum}^{pp} 反映国内消费总量变化对中国能源消费变化的贡献，称为国内消费规模效应；Δk_{str}^{pp} 反映国内国产中间产品结构变化对中国能源消费变化的贡献，称为国内中间结构效应；Δk_{sha}^{pp} 反映国产中间产品在国内市场的份额，称为国内中间份额效应；Δk_{eff}^{pp} 反映国内中间投入总系数变化对中国能源消费变化的贡献，称为国内中间效率效应；Δy_{str}^{pq} 反映中国出口消费品结构变化对中国能源消费变化的贡献，称为出口结构效应；Δy_{sum}^{pq} 反映中国出口消费品总量变化对中国能源消费变化的贡献，称为出口规模效应；Δl_{str}^{pq} 反映出口中间产品结构变化对中国能源消费变化的贡献，称为国际中间结构效应；Δl_{sha}^{pq}反映出口中间产品在国际市场份额变化对中国能源消费变化的贡献，称为国际中间份额效应；Δk_{eff}^{qq}反映境外中间投入总系数变化对中国能源消费变化的贡献，称为国际中间效率效应；Δy_{str}^{qq}反映国际消费品结构变化对中国能源消费变化的贡献，称为国际消费结构效应；Δy_{sum}^{qq}反映国际消费品总量变化对中国能源消费变化的贡献，称为国际消费规模效应；Δy_{str}^{qp}反映中国进口消费品结构变化对中国能源消费变化的贡献，称为进口结构效应；Δy_{sum}^{qp}反映中国进口消费品总量变化对中国能源消费变化的贡献，称为进口规模效应。[①]

（三）结果与分析

1. 能源消费

图4-1展示了中国2000—2014年不同类型能源消费量和总体能源强度（IIE由于规模较小，与ICE合并）。在此期间，中国的能源消费总量从2000年的1827.6MTCE（百万吨标准煤）增长到了2014年的5558.0MTCE，增幅超过200%，年增长率达到5.2%。中国的能源强度从2000年的561.8TCE/MD（吨标准

---

① 本部分的数据来源与前文数据来源一致。

煤每百万美元）下降了69%，至2014年的174.5TCE/MD，年均降幅为2.6%。

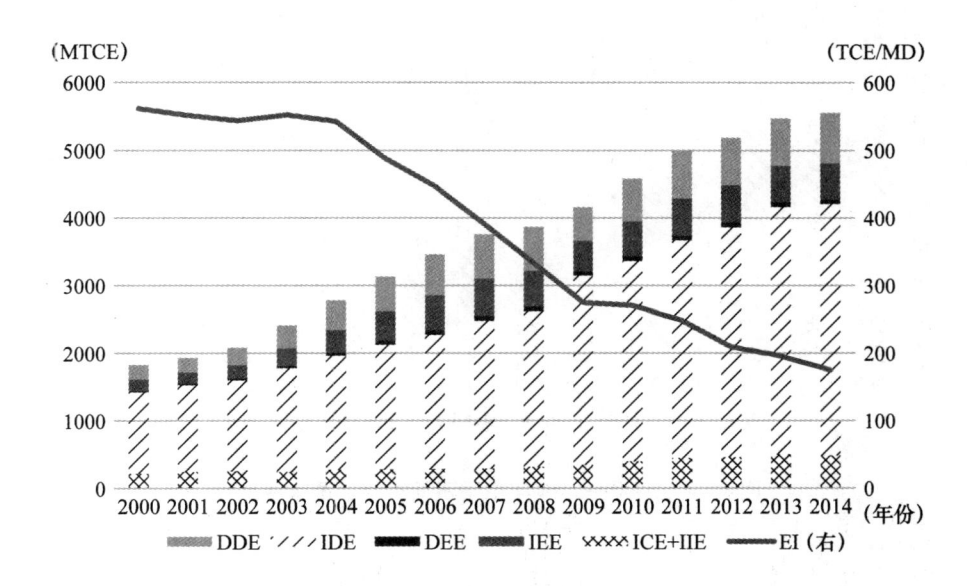

图 4-1 2000—2014年中国能源消费量与能源强度

从图4-1可以看出，中国的能源消费整体上快速增长，但不同类别能源变化差异较大。在此期间，出口中间产品间接能耗 ICE + IIE 增长幅度最大，为244.4%。其他间接能耗（如出口消费品间接能耗 IEE 和国内消费品间接能耗 DEE）增长幅度也超过了200%。直接类能耗增长幅度相对较小。国内直接能耗 DDE 增长了124.0%，出口直接能耗 IDE 增长了185.5%。

由于增长速率的差异，从图4-2可以看出，不同类别能源占比也有较大的变化。DDE 比重从2001年的

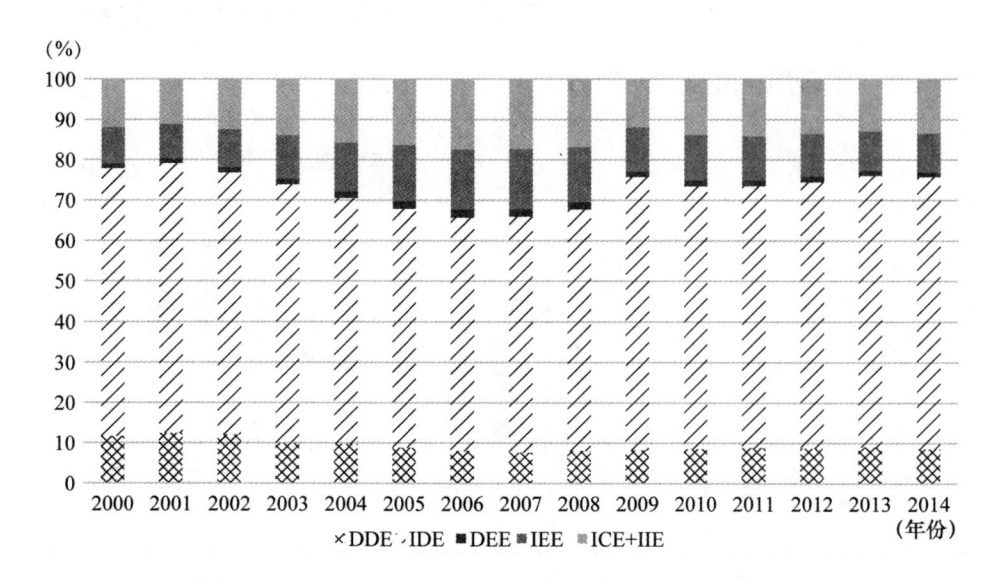

图 4-2 2000—2014 年中国不同类别能源消费比重

最高位 12.4% 下降到了 2014 年的 8.6%；IDE 则先降后升，从 2001 年的高位 66.8% 下降到 2006 年的最低位 57.7%，之后又逐渐上升到了 2014 年的 67.1%；出口类能源消费量则基本呈现先升后降的趋势。这体现了研究期间中国能源消费用途的两个变化：一是直接能源消费逐渐下降，间接能源消费逐渐上升。这可能是中国产业链升级，使得用于中间产品的能源增长。二是用于出口的能源消费比重先升后降，内需的能源消费比重先降后升。自 2001 年加入 WTO 后，中国的出口快速增长，率先拉动了中国能源消费增长。自 2008 年后，中国的内需加速扩大，推动了能源需求增长。

2. 影响因素总体贡献

图4-3显示了整个研究期间各影响因素贡献的分解结果。2000—2014年，中国的年度能源消费从1827.57MTCE（百万吨标准煤）上升到了5558.00MTCE，上升了3730.42MTCE。

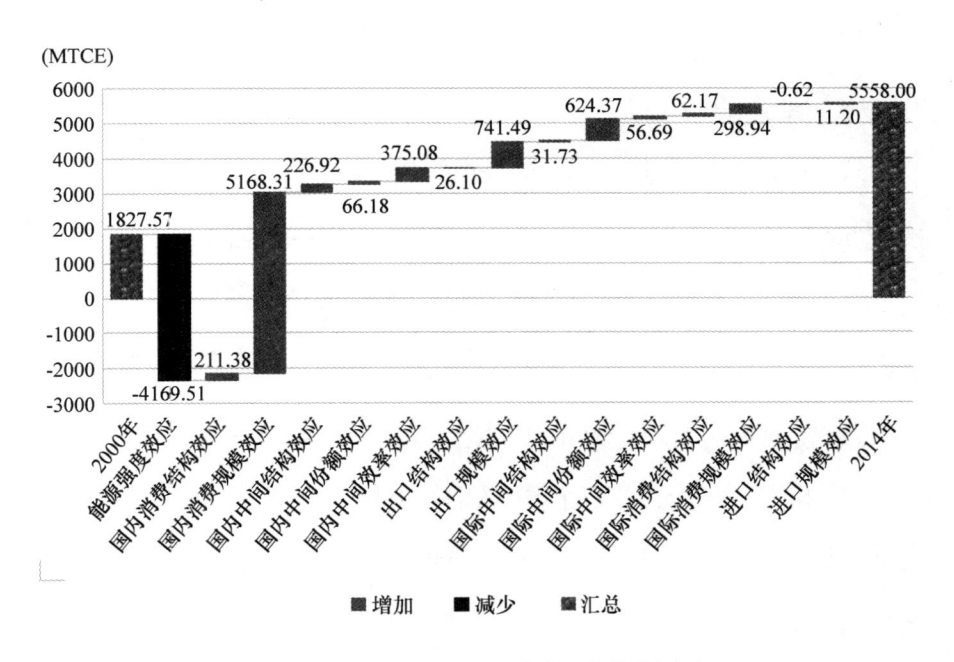

图4-3 2000—2014年影响因素整体贡献

注：该图为瀑布图，在2000年的基础上，各因素的图例首尾相连，叠加为2014年的结果。

在众多因素当中，能源强度是最大的抑制因素，贡献度为-4169.51MTCE；而国内消费规模则是最大的促进因素，贡献度为5168.31MTCE。此外，进口结构也是抑制因素，贡献度为-0.62MTCE，贡献较小。其他因素效应均为促进效应，总和为2732.24MTCE，略大于国内消费规模效应的一半。其他主要贡献因素有：国内中间产品效率、出口规模、国际中间效率、国际消费规模。

能源强度效应为负，主要是由于中国能源强度显著下降（见图 4-1）。在此期间，中国整体能源强度从 551.9TCE/MD 下降到 174.5TCE/MD。关于能源强度下降的原因已经有很多分析，包括技术水平提升、产业结构变迁等。[①]

关于国内消费的效应有两个。中国的国内消费结构效应显示：中国的最终消费在研究期间向着高能耗的方向转变。林伯强等认为，投资品的能源强度要高于消费品，资本形成占总产出的比重（即投资率）的变化会影响到能源的消费量。2000—2014 年，中国总产出结构中消费品的比重从 48.8% 下降到 36.5%，而投资品的比重从 36.5% 上升到 46.6%。虽然国内消费结构效应贡献不大，但其趋势值得关注。国内消费规模效应是最大贡献因素。研究期间中国国内总消费从 1108MD 增长至 9199MD，增长大约 630%。如前文所述，其中贡献最多的为固定资本投资，其增长接近 10 倍，达到 4285MD。这进一步显示了固定资本投资是中国能源增长的重要推动因素。

有关中国境内中间产品的因素共三个，分别是国

[①] 林伯强、吴微：《全球能源效率的演变与启示——基于全球投入产出数据的 SDA 分解与实证研究》，《经济学》（季刊）2020 年第 2 期。

内中间产品结构效应、国内中间产品份额效应和国内中间产品效率效应。其中,国内中间产品结构效应贡献为正值,说明中国境内的供应链结构也在向着高能耗的方向转变,即某些低能耗的中间产品被高能耗的中间产品替代。这一效应与能源结构效应相类似。中国在优化能源结构方面付出了很多努力,为降低碳排放做出了重要贡献。[①] 而图4-3显示,中间产品结构的促进效应在一定程度上抵消了这种努力。国内中间产品份额效应衡量了中国国产中间产品在国内产业链条中所占份额变动对能源效应的影响,实际上体现了中间产品的进口替代。这一效应是三个因素中贡献最小的,说明在整个研究时期,国产中间产品份额变化不大。国内中间产品效率效应反映了排除中间产品结构和中间产品份额影响之外的中间产品效率,即制造1价值单位最终产品需要投入多少中间产品。图4-3中的分解结果显示,在整个研究期间,中国中间产品效率趋于恶化。即在中国境内制造同样的最终产品,使用的中间产品投入增多了,进而导致能源消费增多。

有关最终产品出口的因素是出口结构和出口规模。在研究周期中,出口结构贡献较小,仅为66.18MTCE;而出口规模的贡献较大,为

---

① 张伟、朱启贵、高辉:《产业结构升级、能源结构优化与产业体系低碳化发展》,《经济研究》2016年第12期。

375.08MTCE。也就是说，在研究期间，中国消费品出口对能源消费的促进作用主要来自于规模的增长，与结构变化关系不大。

中国境外的生产需要消耗来自中国的中间产品，因此其中间投入过程对中国能源消耗有影响。类似于中国境内中间产品，有关境外消耗的中国中间产品的因素亦有三个，分别是境外中间结构效应、境外中间份额效应和境外中间效率效应，其贡献度与境内中间产品的有关因素有差别。境外中间结构和境外中间效率的贡献均较小，而境外中间份额的贡献较大。这说明在境外产业链条的中间投入技术水平变化不大的情况下，中国出口的中间产品在境外市场所占的份额增大，引起中国能源消费的上升；同时，出口中间产品结构对能源消费影响不大。

中国出口的中间产品最终有两个用途：一是境外消费，二是向中国出口（中国进口）。两个用途又分别包含结构效应和规模效应。境外消费中，结构效应的贡献为62.17MTCE，而规模效应的贡献为298.94MTCE。比较来看，境外的消费品需求和中间产品需求都对中国能源消费产生了较大的贡献，同时结构效应的影响均较小。进口效应中，进口结构对中国能源消费有抑制作用，而进口规模有促进作用。

3. 影响因素历年贡献

表4-1给出了2000—2014年中国能源消费变化的因素分解结果。我们逐个对各个因素的年度贡献进行分析。

能源强度在多数年份都是能耗增长的主要抑制因素。2002—2003年，中国的能源强度出现了反弹，林伯强等认为主要原因是技术效率恶化以及能源对劳动的替代。[①] 2009—2010年，能源强度也出现了小幅度的反弹。在此期间，技术进步是能源强度下降的重要推动力，其可能的原因是投资品能源强度的全球性显著上升。

消费结构效应体现了中国国内消费的不同部门产品的比重对能源消费量的影响。2009年是消费结构效应正向激励最大的一年。部分年份中消费结构效应贡献了负向激励。从图4-4来看，考虑到中国的最终消费中，固定资产投资的比重呈现出持续扩大的趋势，而消费结构效应正负变化频繁，因此投资率和消费结构效应并无直接关系，消费结构效应更多的是体现在居民消费、固定资产投资和政府消费与存储各自类别内的结构变动。

消费规模是历年能源消费增长最主要的贡献因素。

---

① 林伯强、杜克锐：《理解中国能源强度的变化：一个综合的分解框架》，《世界经济》2014年第4期。

表4-1 2000—2014年能源消费分解

(单位：百万吨标准煤)

	2001年	2002年	2003年	2004年	2005年	2006年	2007年	2008年	2009年	2010年	2011年	2012年	2013年	2014年
上年能耗	1827.57	1929.72	2080.13	2409.50	2780.97	3130.11	3458.76	3758.45	3868.02	4159.25	4581.21	4996.12	5188.23	5478.91
当年能耗	1929.72	2080.13	2409.50	2780.97	3130.11	3458.76	3758.45	3868.02	4159.25	4581.21	4996.12	5188.23	5478.91	5558.00
能源强度效应	-125.77	-151.39	85.72	-245.67	-361.18	-394.58	-717.67	-149.65	-755.78	58.61	-590.69	-768.41	-175.67	-784.28
消费结构效应	24.37	11.50	-23.40	7.55	-6.89	17.66	-4.27	-6.98	90.39	10.82	8.37	12.10	-15.41	-13.07
消费规模效应	123.68	131.51	161.36	216.22	301.49	314.19	474.01	550.11	851.25	392.30	574.26	763.53	540.01	461.51
中间结构效应	67.92	116.18	-7.63	156.16	32.52	55.96	171.25	-391.31	-89.51	-56.96	78.43	-106.90	-169.36	91.04
中间份额效应	-11.31	-13.15	-38.02	-36.23	28.39	1.63	1.88	21.92	123.82	-36.51	-22.75	42.91	37.29	88.31
中间效率效应	-5.01	-52.24	19.42	31.72	111.89	50.78	57.10	-12.92	154.08	-176.46	138.02	47.22	40.40	42.30
出口结构效应	0.02	-0.62	-2.99	-0.14	-2.93	1.78	11.29	9.00	-1.88	2.77	5.16	1.28	4.61	-0.73
出口规模效应	12.61	44.52	72.62	96.55	117.21	121.80	129.29	59.12	-32.70	104.72	56.53	100.18	5.33	51.40
国际中间结构效应	5.67	13.00	-3.68	30.88	-9.82	11.45	32.99	-65.23	-21.64	-12.10	32.65	-11.83	-25.93	20.12
国际中间份额效应	8.75	59.73	46.73	57.34	64.92	81.49	75.97	31.55	-36.36	119.21	65.64	22.80	46.22	92.59
国际中间效率效应	0.68	-1.20	0.12	4.73	15.64	7.83	13.21	0.90	4.34	3.71	3.25	7.96	5.88	9.49
国际消费结构效应	-2.17	-5.35	2.60	3.12	6.35	13.40	13.76	4.62	-16.53	12.40	19.08	15.94	-1.35	8.70
国际消费规模效应	2.32	-2.46	15.34	47.74	50.85	43.92	43.17	57.48	19.16	-2.48	44.30	64.46	-0.80	11.35
进口结构效应	-0.08	0.11	-0.01	-0.15	-0.44	-0.09	-1.22	-0.33	0.41	0.06	0.06	-0.13	-0.68	-0.56
进口规模效应	0.45	0.28	1.20	1.63	1.14	1.43	-1.08	1.27	2.18	1.88	2.59	1.00	0.13	0.91

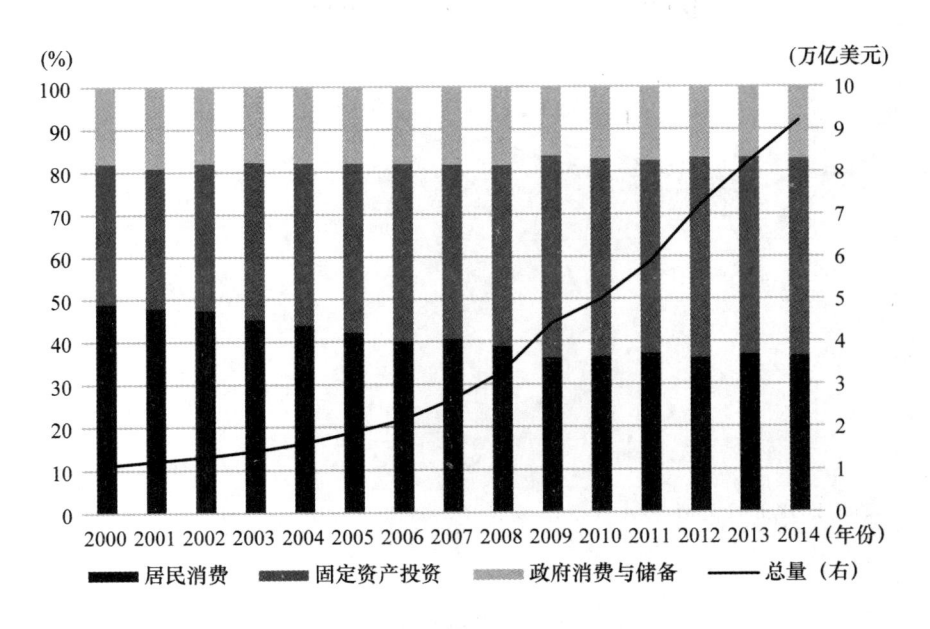

图 4-4 中国最终消费结构与规模

在研究期间，中国的国内消费年均增速高达 16.3%。在居民消费、固定资产投资和政府消费与存储三个类别中，增长最快的是固定资产投资，其年均增速为 19.2%；而居民消费年均增速为 14.0%，是最低的。随着中国经济增长的动力从投资拉动逐渐转向消费拉动，消费规模对能耗的影响可能会发生深远的变化。

有关中间产品的三个因素中，首先讨论中间产品结构效应。以 2008 年为节点，中间产品结构效应呈现两个阶段。2008 年之前，该效应在多数年份为促进作用；而在 2008 年之后，该效应多为抑制作用。服务化中间投入的变化可能是一个很好的解释。图 4-5 显示了 2000—2014 年中国服务化中间产品投入的比重和完

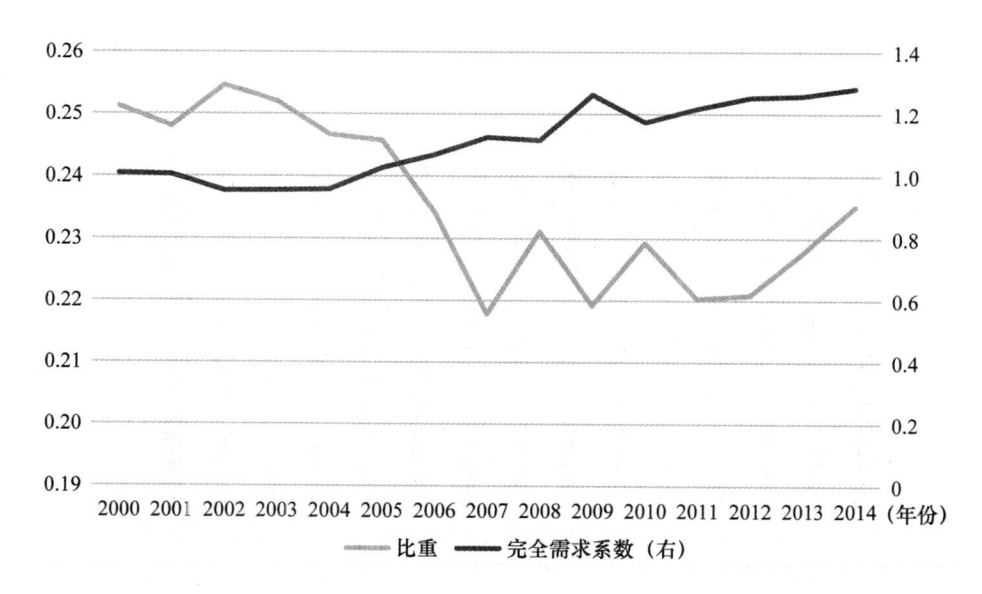

图4-5 中国服务化中间产品投入比重和完全需求系数

全需求系数。完全需求系数在2004年之前略有下降,从2005年起持续上升。而在2008年之前,中国的服务化中间投入呈下降态势。特别是2004—2007年,比重与完全需求系数的背离显示中国各部门对制造业中间投入的需求快速上升。这可能是中间产品结构效应在此三年期间有较大正向贡献的原因。自2008年起,中国产业对服务化中间投入的需求比重和完全需求系数均波动上升,可能在多数年份抑制了能源需求的增长。何传添等[1]分别依据中国和世界投入产出表的测算

---

[1] 何传添、廖欢:《中美服务业中间投入效率的比较研究——基于1995—2011年投入产出表》,《国际经贸探索》2016年第11期;刘鹏、孔亦舒、黄曼:《基于价值增值视角的制造业中间投入服务化水平测算》,《统计与决策》2021年第7期。

均显示，服务化中间投入的结构性上升有助于减少中间投入的能耗。不过，中国中间投入服务化的水平还很低，在研究期间，不但相对美国等发达国家有很大差距，甚至落后于巴西等金砖国家①，随着中间投入服务化的提升，可能会进一步平抑能源消费需求。

再讨论中间产品份额效应。中国的最终产出要消耗来自境内的中间产品和境外的中间产品。而随着中国经济的发展和技术水平的进步，抑或采取了产业扶持政策，境内的中间产品可能会替代境外的中间产品。在这种情况下，境内中间产品需求的扩大会导致能源消费的增长。与之相反，当境外中间产品由于技术、价格等优势占据了更大的市场份额时，也会造成境内产品需求的缩小进而导致能源消费的减少。本书采用的 MRIO 模型是一种非竞争性投入产出模型，境内和境外中间产品之间在一个时间截面上不具有竞争性，但不同年份的中间投入变化体现了境内外中间产品之间的替代性。如图 4-6，2001—2004 年，中间产品份额效应为负，这可能是由于中国在 2001 年加入 WTO 之后，境外中间产品份额出现了提升。自此之后，中间产品份额效应持续促进能源消费增长。在 2010 年和 2011 年出现的抑制作用可能是 2009 年较大增长后的回

---

① 刘斌等：《制造业服务化与价值链升级》，《经济研究》2016 年第 3 期。

落。随着中国技术水平的进一步提高，中间份额效应可能会持续有正向贡献。

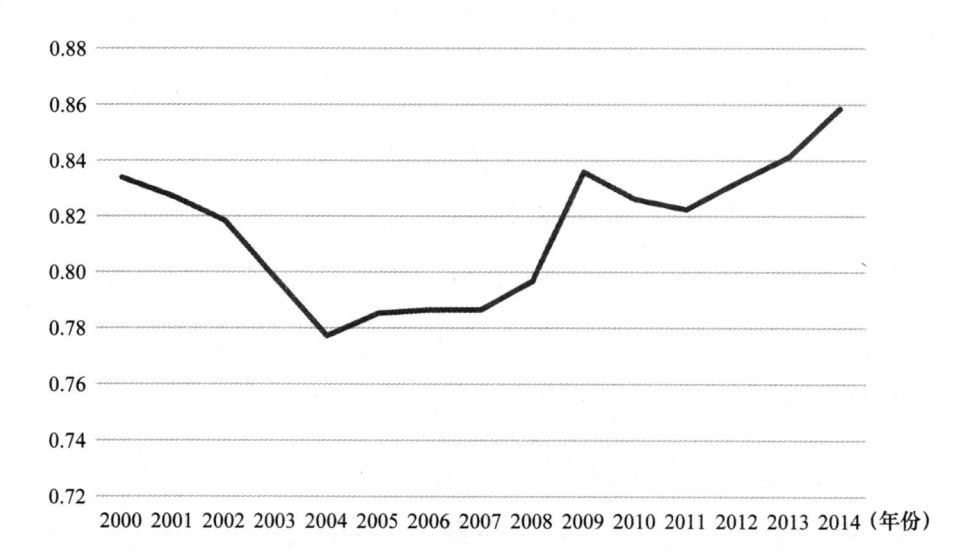

图 4-6　中国中间产品的国内份额变化

中间产品效率效应是有关中间产品的第三个效应。从结果来看，多数年份中，中国的中间产品效率导致了能源消费的增长。图 4-7 展示了中国三大产业中间产品效率的变动情况。其中，农业在期间有小幅的上升，服务业中间产品效率变动不大，而制造业中间产品总效率自 2003 年起显著上升，这可能由加入 WTO 之后旺盛的出口需求带来的工业固定投资引起。对比总效率和国内效率可以看出，工业的国内中间产品效率在 2005 年之后才出现上升，即为中间产品份额效应的变化原因之一。依据发达国家的经验，在一个经济体从不发达阶段发展到成熟工业化阶段，部门间的消

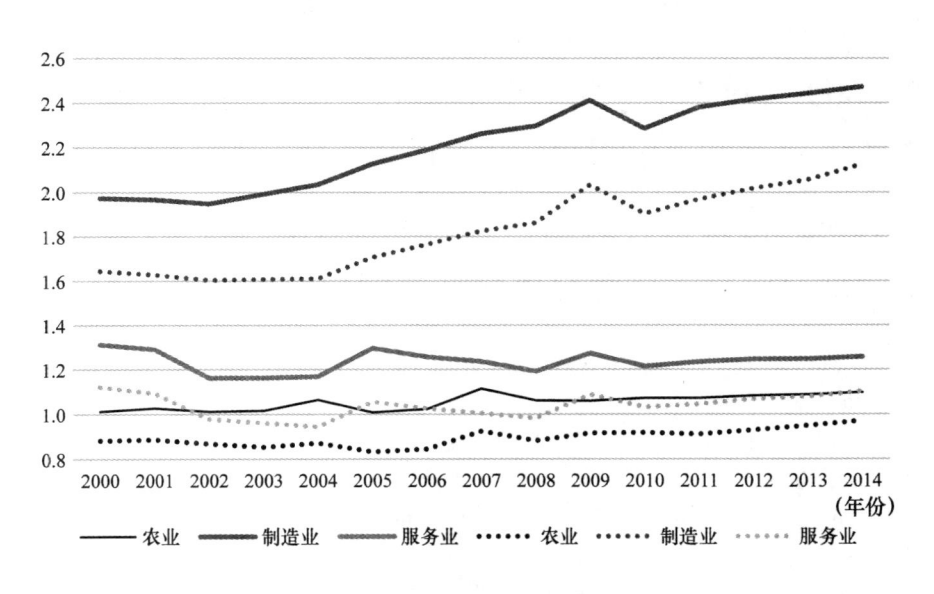

图 4-7 中国三大产业中间产品需求变化

注：实线为总效率，虚线为国内中间产品效率。

耗系数，尤其是对制造业和基础能源行业的消耗系数，大多会经历一个先逐步上升，后缓慢下降的过程。因此，中间投入效率会在未来某时起逐渐优化。利用好这一过程，有助于推动我国节能减排。考虑到中间投入和增加值之间互余的关系，提升最终产品的增加值即是等价地提升了中间投入效率。

出口结构效应在多数年份呈现正向贡献。从实际出口来看，中国出口最终产品中，来自高能耗行业的产品比重逐渐上升（见图4-8），从2000年的20.7%上升到了2014年的31.7%，促进了中国能耗的增长。其他制造业产品的比重则在2005年达到顶峰后，持续下降至2014年的57.6%。另外，中国的服务业最终产品出口基本在10%的水平徘徊，2014年的比重甚至低于2000—2002年。从这个事实看，研究期间中国进一步落入"气候—贸易困境"（climate - trade dilemma）中。在实施相关外贸政策的同时，培育和强化非能源密集部门的比较优势对摆脱这种困境也很重要。

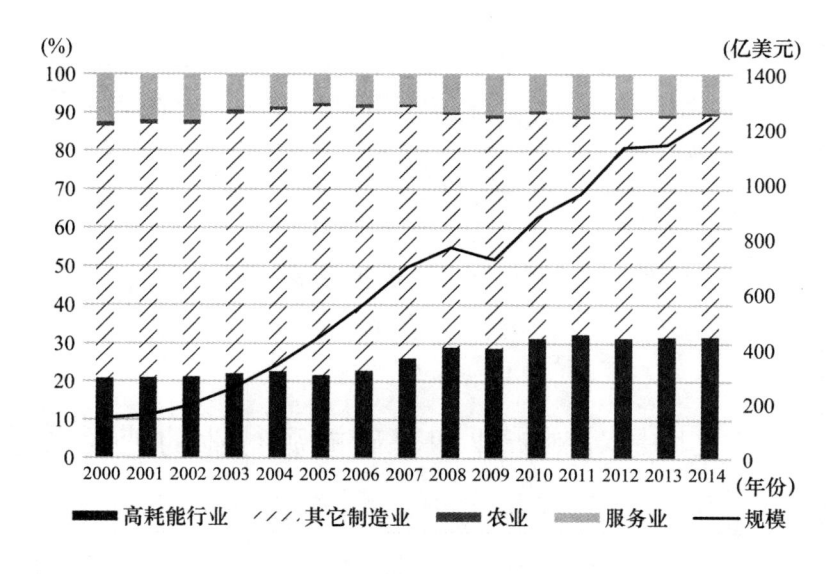

图4-8 中国最终产品出口规模与部门结构

由于中国出口的快速增长，除了在2009年受国际金融危机影响外，出口规模效应在多数年份为正向贡献。大量的能源被用于出口商品的生产，使得中国在国际贸易中承担了来自发达经济体的"碳泄露"和"碳转移"。从用途来看（见图4-9），居民消费品占中国最终产品的主要部分，也是消费品出口增长的主要拉动因素。投资品的比重有所增长，从2000年的23.6%增长到2014年的32.9%，成为最终产品出口增长的重要贡献因素。参考林伯强、吴微[①]的研究结论，投资品比重的上升会进一步提高出口规模效应导致的能耗增长。

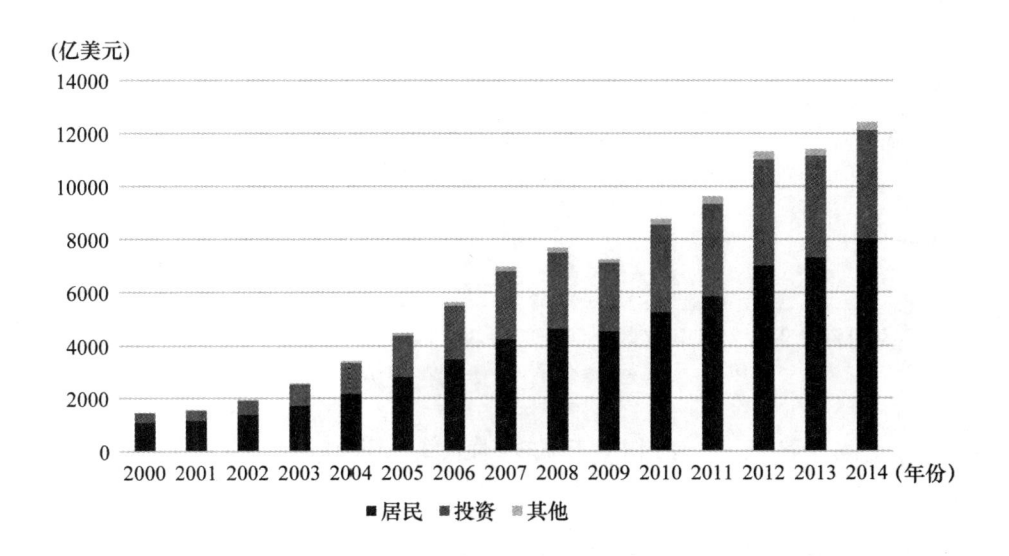

图 4-9　中国消费品出口的需求结构

国际中间产品结构效应反映了中国出口的中间产品的部门结构对中国能源消费变动的影响。在研究期间，国际中间产品结构效应整体为正向效应。而年度分析结果显示，自 2008 年起，国际中间产品结构效应多为负向效应，即中国出口的中间产品结构正在小幅度地向能源强度降低的方向调整。

国际中间产品份额效应是国际中间产品系列效应

---

① 林伯强、吴微：《全球能源效率的演变与启示——基于全球投入产出数据的 SDA 分解与实证研究》，《经济学》（季刊）2020 年第 2 期。

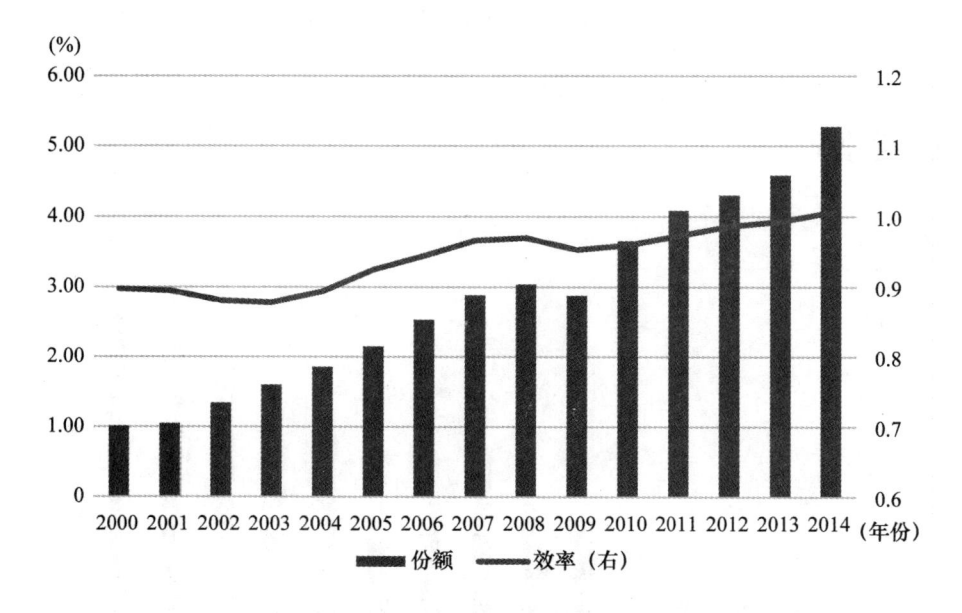

图4-10 中国中间产品的国际份额和国际中间产品效率

中贡献最大的，体现了中国中间产品在国际市场上所占份额变动导致的国内能耗变化。图4-10显示，研究期间，中国中间产品的国际市场份额基本保持线性增长，从2000年的约占1%快速提升到了2014年的超过5%。一方面，随着中国的开放程度深化和技术水平提高，中国的中间产品国际竞争力不断增强；另一方面，中间产品国际贸易也是发达国家在降低成本的同时实现能源和排放转移的重要途径。考虑到中国出口产品的能源强度，这种份额的提升在很大程度上是以能耗和排放为代价的。如何使国际市场份额的提升与能耗排放的增长脱钩是一个值得关注的问题。

国际中间产品效率效应的历年贡献均较小。对比国际中间产品份额效应的较大贡献，可以认为，影响中国中间产品出口以及相关能耗增长的主要因素是中国中间产品对国际产品的替代，也就是"气候—贸易困境"（climate - trade dilemma）中。对于发达国家而言，在国际市场上进口中国产品替代本国制造具有成本优势，但却导致了更多的能耗和排放。此外，从前文的分析也可以看出，国内和国际中间产品相关因素对中国能源消费的影响机制有很大差别。在国内因素中，主要是中间产品效率的劣化导致能源消费增长，国内份额影响较小；而在国际因素中，主要是市场份额的提升推动能源消费增长。

国际消费结构效应和规模效应对中国能源消费增长的贡献都很小，这说明国际中间产品市场总量变动很小，中国中间产品出口的增长更多的是占领了存量市场而非增量市场。这进一步说明，国际市场份额的增长是中国出口中间产品导致能耗增长的关键因素。

进口结构和进口规模也是出口中间产品影响中国能源消耗的复杂链条中的影响因素。中国出口的部分中间产品在境外价值链中被加工成为最终产品，并出口到中国用以消费。表4-1中的分解结果显示，进口结构效应对中国能源消费增长的影响很小；进口规模效应则随着中国进口的不断扩大，促进了中国能源消费的增长。这种促进与通常讨论中通过进口商品实现的"能耗转移"或"碳转移"并不矛盾。这是因为：虽然由于国际产业链条的分散，扩大进口同样会带动国内部分部门的能耗增长，但由于进口消费品对国内消费品生产实现了一定程度的替代，因此更大份额的境内能耗通过国际贸易实现了"转移"。

总结来看，国际国内中间产品环节对中国能源消费造成了显著的影响。基于LMDI方法的可加性，可以将各种国际国内中间产品效应相加得到其总贡献为1380.96MTCE，贡献了研究期间能耗总增长的37%。其中，国内中间产品效应的贡献为668.17MTCE，国际中间产品效应的贡献为712.79MTCE，即在中国参与的全球中间产品链条中，国外部分引致的能源消费增长要大于国内部分，而国际中间份额效应是所有中间产品效应中贡献最大的。

（四）小结

为了实现2030年"碳达峰"和2060年"碳中和"目标，必然需要抑制能源消费增长，减少化石能源消费。除了降低能源强度、提升能源效率、推广绿色能源等，优化产业链条的中间环节、减少中间产品需求、提升中间产品效率也是抑制能源消费的可行路径。本书对能源MRIO模型进行了时序的结构分解分析，主要研究结论包括以下几点。

第一，2000—2014年，各类中间产品效应合计贡献了1380.96MTCE能源消费，约占总增长的37%。此外，能源强度和境内消费规模分别是中国能源消费变化的主要抑制因素和主要促进因素，出口规模也是重要的贡献因素，贡献度分别是4169.51MTCE、5168.31MTCE和741.49MTCE。

第二，中间产品结构变化、份额变化和效率变化是引致中国能源消费变化的国际国内中间产品效应的三个因素。三者在国内中间过程和国际中间过程中的作用有显著差别。在国内产业链条中，主要是中间效率效应和中间结构效应促进了中国能源消费增长；在国际产业链条中，促进中国能源消费增长的则主要是中间份额效应。中间结构变化是不同部门中间产品投入的变化；研究期间，中国服务化中间产品投入是下降的，使得中间结构向能源密集方向转变。中间份额变化是本国中间产品市场份额的变化；中国中间产品在本国市场的份额先下降后回升，而在国际市场的份额持续提升。中间效率变化是产出单位最终产品所需求的中间产品数量的变化，中国工业的中间需求系数提高是导致中间效率下降的最主要因素。

第三，最终消费是中国能耗增长的主要因素。在投资品消费的强力带动下,中国最终消费规模快速增长,同时最终消费结构趋向能源密集部门。出口也是能耗变动的重要影响因素,最终消费品出口和中间产品出口对中国能源消费的贡献规模相当。

五 结论、意义与展望

中间产品在生产流通过程中占据了主要份额，发挥了举足轻重的关键作用。然而，国际国内的中间产品和中间过程如何影响中国的能源消费？尽管当前对能源问题的研究已经十分丰富，但仍然欠缺对这个问题的讨论。为了能够展示复杂的中间产品生产流通过程对能源问题的影响，本书对这一问题开展研究。

通过对现有研究的回顾分析可以发现，中间产品问题研究罕见的主要原因是研究工具的缺失，现有工具存在着理论上的缺陷和应用上的限制。为此，本书首先通过概念的创新和数理的推导，提出了中间产品投入产出模型，为研究国际国内中间产品问题打下基础。在这一模型框架下，可以精确核算所有经济体的进出口中间产品的价值、内涵能源以及能源强度，从而研究和比较各经济体利用中间产品进行国际贸易的内涵能源的体量和特征。

伴随着国际商品和服务贸易快速发展，能源消费和碳排放在不同经济体之间发生转移，其轨迹追踪和责任界定随之变得复杂。当前的各类研究虽然能够充分地覆盖全球能源消费，却难以估量占贸易大多数的中间产品贸易在其中的作用。利用之前提出的中间产品研究工具，本书依据 WIOD 数据库对全球主要经济体的进出口中间产品内涵能源进行了研究。研究发现中间产品国际贸易内涵能源转移存在多种模式，指出了发达经济体进口大量中间产品内涵能源，从而有效地转移了能源消耗，并降低了自身的能源强度；发展中经济体则是中间产品内涵能源的主要输出者，主要为国际市场提供能源密集中间产品。中国虽然是中间产品内涵能源的进口国，但能源逆差很小，而中间产品价值逆差很大，并且中国进口了大量的初级矿产品，对中间产品内涵能源利用水平很低。因此，中国仍然位于低端不利位置。德国和美国则代表了中间产品内涵能源利用的两种模型，从中获益良多。

中国作为"世界工厂"，国内中间产品和中间过程规模庞大，对能源消费具有显著影响。为了研究中间产品因素的影响，本书将 IDA 方法的时序分解思想引入了 IO 框架下的 SDA 方法，并对一般的 SDA 结构进行了进一步分解，从而得到了国内国际中间结构、中间份额、中间效率的因素的贡献。结果显示，国际国内中间产品环节对中国能源消费有显著的促进效应。国内因素中，中间结构和中间效率效应贡献较大，中间份额效应贡献较小；国际因素中，中间结构和中间份额效应贡献较大，中间效率效应贡献较小。能源强度是中国能源消费的主要抑制因素，而消费规模是主要促进因素。国际需求也对中国能源消费增长起了重要的拉动作用。

本研究具有以下几点意义：理论方面，本书提出的中间产品模型具有重要理论价值。无论是全球贸易、区域贸易、产业链研究，乃至发展规划、经济调度等，Leontief投入产出模型都发挥了独一无二的作用，得到了广泛应用。但是该模型难以对占贸易流2/3的中间产品贸易流动进行精确的分析。本书从投入产出模型的基本内涵与数学原理出发，突破原有认识的局限，对相关概念提出了新的定义，对中间产品提出了严密的测算方法，拓展了投入产出表的内涵和结构。在这一框架下，可以深化对于中间产品的认识，把完全投入、直接投入、净投入与内涵要素相互联系，构建涵盖完全区域、部门流通的一一对应关系。成为研究贸易、流通、投入产出的有力工具。

实践方面，从国际中间产品贸易的角度看，中间产品内涵能源对节能减排有很大影响，中间产品（特别是能源密集产品）的生产需要消耗大量能源并带来排放。提高对进口中间产品内涵能源的利用、减少能源密集中间产品出口能够改善我国国内的能源紧张和污染排放，推动绿色发展理念的实践。考虑到我国的能源结构以煤炭为主，进口中间产品对节能减排的潜在贡献更大。从国际减排合作框架来看，进口和出口中间产品之间的价值链既不被"生产侧"视角统计在内，也不被"消费侧"视角统计在内，能够在产生外贸顺差的同时，有效地回避减排责任。以德国为例，其2014年295MTCE的中间产品内涵能源逆差既不承担"生产侧"责任也不承担"消费侧"责任。按照承诺，我国将在2030年前实现碳达峰，2060年前实现碳中和。要实现这一目标，除了技术创新、能源结构调整、产业结构升级等路径外，本书的结论证明了贸易结构的调整优化也能够做出显著的贡献。具体来说，就是扩大高能耗中间产品、抑制出口进口，鼓励企业把更长的产业链条留在境内，增加高附加值产品出口。

就国际贸易的利益而言，利用进口能源密集中间产品能够比直接进口能源密集消费品更好地维护本国贸易利益。原因有二：一是中间产品贸易占国际贸易的大多数，相关贸易政策的影响比消费品政策的影响更大；二是进口廉价的能源密集中间产品而非消费品，更好地保护了境内产业，特别是高端产业，付出的外汇成本更少。同样以德国为例，其在中间产品内涵能源贸易逆差的同时形成了价值顺差，2014年顺差1217亿美元，实现了资源、环境、经济、社会的多方共赢。在不断推进深度开放的大背景下，更好的中间产品国际贸易为我国经济发展服务是应有之义。

就实体经济发展而言，对低端中间产品实施扩大进口、缩减出口的策略有助于压缩落后的高能耗产能，倒逼产业升级，推动经济结构优化和中国经济的低碳绿色发展。随着我国经济的高质量发展和深度开放，产业结构和贸易结构也必然会同步发生深刻变化。随着产业结构的优化，产业层级逐渐迈向中高层，比较优势逐渐向高技术、高附加值产品转移，外贸结构就必然要求外贸政策的跟进。特别是"一带一路"建设的推进和沿线国家经济的发展，能够为我国提供广阔的高能耗中间产品来源和高技术、高附加值产品市场。特别是在当前国内国际双循环发展格局下，做好中间产品国际贸易，利用好中间产品内涵能源，对推动国内国际双循环相互促进具有重要的意义和作用。

此外，当前贸易保护主义和疫情带来的产业链挑战，也客观要求我国丰富自己的产业链上游中间产品供应。因为即便是来自本国的上游供应，也可能受到疫情等因素的巨大冲击。

从国内中间过程的角度看，产业链的中间过程对于能源消费具有重要的影响。中国有一半以上的能源是用于中间产品的生产。除了降低能源强度、优化能源结构能够直接降低能耗外，减少中间投入、优化中间结构也能够起到同样的效果。

中间过程对能耗的影响是结构性、时间性的。在2000年之后，伴随着中国的快速工业化进程，大量的投资使得中国的中间结构偏向于能源密集且中间效率快速劣化；随着中国工业化水平的进步，中间结构和中间效率出现显著改善。准确把握中国经济发展的进程和特征，在投资率趋于下降、部分部门产品需求减少的趋势下采取时效性结构性能源政策，控制投资品上游重点中间产品部门用能，推动产业转型，就可以在付出尽量小的政策成本、社会成本的同时，改善和优化中国能源利用水平。

加入WTO一方面使得中国国内中间品市场受到一定冲击，另一方面又为中国中间产品打开了巨大的国际市场。而中国产品竞争力的提升可能进一步推高中间份额。因此，中间产品能源政策要注意三个方面：一是把握市场规律，理解由于市场份额提升造成的能源消费和由于能源政策造成的市场份额下降；二是适当提高高能耗中间产品进口，减少高能耗中间产品出口；三是推动中间产品创新，以低能耗中间产品替代高能耗中间产品。

能源强度和消费规模的影响是全局性的。能源强度下降既能够减少最终消费品能耗,也能减少中间产品能耗。消费规模的扩张既会扩大消费品需求,又会引起中间产品需求增长。因此,中间产品能源政策要和传统的能源政策紧密结合,相互促进。

在国际贸易高度发达又形势复杂的大背景下,中间产品能源政策需要结合国际经贸竞争与合作、国家供应链安全等问题通盘考虑。在能源政策设计中以国际供应链为视域,有助于在能源政策背景下提升供应链重点部门和重点环节的竞争力和可靠性。

本书在 MRIO 模型的基础上,构建了进出口中间产品内涵要素的研究模型,进而以 WIOD 数据为基础关注了中间产品国际贸易中的内涵能源流动。由于 WIOD 数据库的能源数据只更新到 2014 年,且以欧盟和其他主要经济体为主,本书以 2014 年为代表对 44 个经济体进出口中间产品内涵能源的规模体量做了讨论,对中国、德国和美国进行了 2000—2014 年的比较;如果有更广更新的数据,则有助于对当前中间产品国际贸易的更好理解。

除了对内涵能源的讨论之外,本书的模型还可以拓展到其他问题的研究当中。同时,囿于篇幅,关于外贸中间产品内涵能源还有一些重要的问题有待于进一步研究,包括但不限于:(1)技术、资源禀赋、经济体量等因素对外贸中间产品内涵能源的影响；（2）德国、美国等典型经济体的外贸中间产品内涵能源的利用模式；（3）中国外贸中间产品内涵能源的结构、特征和演化等问题。

附 录

表1　　　　　　　　　　国家或地区英文简称对照表

英文简称	国家或地区	英文简称	国家或地区	英文简称	国家或地区	英文简称	国家或地区
AUS	澳大利亚	DNK	丹麦	IRL	爱尔兰	POL	波兰
AUT	奥地利	ESP	西班牙	ITA	意大利	PRT	葡萄牙
BEL	比利时	EST	爱沙尼亚	JPN	日本	ROU	罗马尼亚
BGR	保加利亚	FIN	芬兰	KOR	韩国	RUS	俄罗斯
BRA	巴西	FRA	法国	LTU	立陶宛	SVK	斯洛伐克
CAN	加拿大	GBR	英国	LUX	卢森堡	SVN	斯洛文尼亚
CHE	瑞士	GRC	希腊	LVA	拉脱维亚	SWE	瑞典
CHN	中国	HRV	克罗地亚	MEX	墨西哥	TUR	土耳其
CYP	塞浦路斯	HUN	匈牙利	MLT	马耳他	TWN	中国台湾地区
CZE	捷克	IDN	印度尼西亚	NLD	荷兰	USA	美国
DEU	德国	IND	印度	NOR	挪威	ROW	其他

参考文献

陈迎、潘家华、谢来辉：《中国外贸进出口商品中的内涵能源及其政策含义》，《经济研究》2008年第7期。

樊纲、苏铭、曹静：《最终消费与碳减排责任的经济学分析》，《经济研究》2010年第1期。

何传添、廖欢：《中美服务业中间投入效率的比较研究——基于1995—2011年投入产出表》，《国际经贸探索》2016年第11期。

林伯强、杜克锐：《理解中国能源强度的变化：一个综合的分解框架》，《世界经济》2014年第4期。

林伯强、吴微：《全球能源效率的演变与启示——基于全球投入产出数据的SDA分解与实证研究》，《经济学》（季刊）2020年第2期。

刘斌、魏倩、吕越、祝坤福：《制造业服务化与价值链升级》，《经济研究》2016年第3期。

刘鹏、孔亦舒、黄曼：《基于价值增值视角的制造业中间投入服务化水平测算》,《统计与决策》2021 年第 7 期。

刘遵义等:《非竞争型投入占用产出模型及其应用——中美贸易顺差透视》,《中国社会科学》2007 年第 5 期。

彭水军、张文城、孙传旺:《中国生产侧和消费侧碳排放量测算及影响因素研究》,《经济研究》2015 年第 1 期。

彭水军、张文城、卫瑞:《碳排放的国家责任核算方案》,《经济研究》2016 年第 3 期。

王直、魏尚进、祝坤:《总贸易核算法:官方贸易统计与全球价值链的度量》,《中国社会科学》2015 年第 9 期。

伍先福:《贸易增加值分解与全球价值链地位测度研究综述》,《中国流通经济》2019 年第 4 期。

张伟、朱启贵、高辉:《产业结构升级、能源结构优化与产业体系低碳化发展》,《经济研究》2016 年第 12 期。

Anwar A. Gasim, "The Embodied Energy in Trade: What Role Does Specialization Play?", *Energy Policy*, No. 86, 2015.

B. Meng et al., "More than Half of China's CO_2 Emissions

are from Micro, Small and Medium – Sized Enterprises", *Applied Energy*, No. 230, 2018.

B. Meng, G. P. Peters, Z. Wang, "Tracing CO_2 Emissions in Global Value Chains", *Energy Economics*, Vol. 73, No. 6, 2018.

B. Su, B. W. Ang, "Multi – Region Input – Output Analysis of CO_2 Emissions Embodied in Trade: The Feedback Effects", *Applied Energy*, Vol. 114, No. 24, 2014.

B. W. Ang, F. L. Liu, "A New Energy Decomposition Method: Perfect in Decomposition and Consistent in Aggregation", *Energy*, Vol. 26, No. 6, 2001.

Bart Los, Marcel P. Timmer, Gaaitzen J. de Vries, "Tracing Value – Added and Double Counting in Gross Exports: Comment", *American Economic Review*, Vol. 106, No. 7, 2016.

Bin Su, Elspeth Thomson, "China's Carbon Emissions Embodied in (Normal and Processing) Exports and Their Driving Forces, 2006 – 2012", *Energy Economics*, No. 59, 2016.

Bingqian Yan, Yuwan Duan, Shouyang Wang, "China's Emissions Embodied in Exports: How Regional and Trade Heterogeneity Matter", *Energy Economics*, No. 87,

2020.

C. W. Bullard, R. A. Herendeen, "The Energy Costs of Goods and Services", *Energy Policy*, Vol. 3, No. 4, 1973.

Christopher Weber, L. Matthews, H. Scott, "Embodied Environmental Emissions in U. S. International Trade, 1997 - 2004", *Environmental Science & Technology*, Vol. 41, No. 14, 2007.

D. L. Hummels, J. Ishii, K. M., Yi, "The Nature and Growth of Vertical Specialization in World Trade", *Social Science Electronic Publishing*, Vol. 54, No. 1, 1999.

E. G. Hertwich, "Carbon Fueling Complex Global Value Chains Tripled in the Period 1995 - 2012", *Energy Economics*, No. 86, 2020.

Erik Dietzenbacher, Bart Los, "Structural Decomposition Techniques: Sense and Sensitivity", *Economic Systems Research*, Vol. 10, No. 4, 1998.

Feng et al., "Analyzing Drivers of Regional Carbon Dioxide Emissions for China", *Journal of Industrial Ecology*, Vol. 16, No. 4, 2012.

Frank Ackerman, Masanobu Ishikawa, Mikio Suga, "The Carbon Content of Japan - US Trade", *Energy Policy*,

Vol. 35, No. 9, 2007.

G. Deng, Y. Ding, S. Ren, "The Study on the Air Pollutants Embodied in Goods for Consumption and Trade in China – Accounting and Structural Decomposition Analysis", *Journal of Cleaner Production*, No. 135, 2016.

Glen P. Peters et al., "Growth in Emission Transfers via International Trade from 1990 to 2008", *Proceedings of the National Academy of Sciences of the United States of America*, Vol. 108, No. 21, 2011.

Glen P. Peters, "From Production – Based to Consumption – Based National Emission Inventories", *Ecological Economics*, Vol. 65, No. 1, 2007.

Guomei Zhao, Cenjie Liu, "Carbon Emission Intensity Embodied in Trade and Its Driving Factors from the Perspective of Global Value Chain", *Environmental Science and Pollution Research*, Vol. 27, No. 25, 2020.

H. Wang, B. W. Ang, B. Su, "Assessing Drivers of Economy – Wideenergy Use and Emissions: IDA Versus SDA", *Energy Policy*, No. 107, 2017.

Helian Xu et al., "A Trade – Related CO_2 Emissions and Its Composition: Evidence from China", *Journal of Environmental Management*, No. 270, 2020.

J. M. Cansino, R. Román, M. Ordóñez, "Main Drivers of Changes in CO_2 Emissions in the Spanish Economy: A Structural Decomposition Analysis", *Energy Policy*, No. 89, 2016.

Jing Meng et al., "The Role of Intermediate Trade in the Change of Carbon Flows within China", *Energy Economics*, 2018.

Jing Wang, Guanghua Wan, Chen Wang, "Participation in GVCs and CO_2 Emissions", *Energy Economics*, No. 84, 2019.

John Barrett et al., "Consumption-Based GHG Emission Accounting: A UK Case Study", *Climate Policy*, Vol. 13, No. 4, 2013.

L. C. Liu et al., "China's Carbon Emissions from Urban and Rural Households During 1992-2007", *Journal of Cleaner Production*, Vol. 19, No. 15, 2011.

L. C. Liu et al., "Using LMDI Method to Analyze the Change of China's Industrial CO_2 Emissions from Final Fuel Use: An Empirical Analysis", *Energy Policy*, Vol. 35, No. 11, 2007.

L. Mundaca, R. Román, J. M. Cansino, "Towards a Green Energy Economy? A Macroeconomic-Climate Evaluation of Sweden's CO_2 Emissions", *Applied Energy*, No. 148, 2015.

M. Wang, C. Feng, "Using an Extended Logarithmic Mean Divisia Index Approach to Assess the Roles of Economic Factors on Industrial CO_2 Emissions of China", *Energy Economics*, No. 76, 2018.

Marula Tsagkari et al., "The Evolution of Carbon Dioxide Emissions Embodied in International Trade in Poland: An Input – Output Approach", *Environmental & Socio – Economic Studies*, Vol. 6, No. 3, 2018.

P. Wang et al., "Examining the Impact Factors of Energy – Related CO_2 Emissions Using the STIRPAT Model in Guangdong Province, China", *Applied Energy*, No. 106, 2013.

Qiang Wang, Yi Liu, Hui Wang, "Determinants of Net Carbon Emissions Embodied in Sino – German Trade", *Journal of Cleaner Production*, No. 235, 2019.

Qiang Wang, Yulin Zhou, "Imbalance of Carbon Emissions Embodied in the US – Japan Trade: Temporal Change and Driving Factors", *Journal of Cleaner Production*, No. 237, 2019.

R. C. Johnson, G. Noguera, "Accounting for intermediates: Production Sharing and Trade in Value Added", *Journal of International Economics*, Vol. 86, No. 2, 2012.

R. Huang, M. Lenzen, A. Malik, "CO_2 Emissions Embodied in China's Export", *Journal of International Trade & Economic Development*, Vol. 28, No. 8, 2019.

R. Koopman, Z. Wang, S. J. Wei, "Tracing Value-Added and Double Counting in Gross Exports", *The American Economic Review*, Vol. 104, No. 2, 2014.

Rutger Hoekstra, Jeroen C. J. M. van den Bergh, "Comparing Structural Decomposition Analysis and Index", *Energy Economics*, Vol. 25, No. 1, 2003.

Ruyin Long et al., "Embodied Carbon Dioxide Flow in International Trade: A Comparative Analysis Based on China and Japan", *Journal of Environmental Management*, No. 209, 2018.

S. C. Xu, Z. X. He, R. Y. Long, "Factors that Influence Carbon Emissions due to Energy Consumption in China: Decomposition Analysis Using LMDI", *Applied Energy*, No. 127, 2014.

S. J. Davis, K. Caldeira, "Consumption-Based Accounting of CO_2 Emissions", *Proceedings of the National A-*

cademy of Sciences of the United States of America, Vol. 107, No. 12, 2010.

Ulrike Wachsmann et al., "Structural Decomposition of Energy Use in Brazil from 1970 to 1996", Applied Energy, Vol. 86, No. 4, 2008.

X. Sun, X. Liu, "Decomposition Analysis of Debt's Impact on China's energy Consumption", Energy Policy, No. 146, 2020.

Yan Xu, Erik Dietzenbacher, "A Structural Decomposition Analysis of the Emissions Embodied in Trade", Ecological Economics, No. 101, 2014.

Yang Yu, Feifan Chen, "Research on Carbon Emissions Embodied in Trade Between China and South Korea", Atmospheric Pollution Research, Vol. 8, No. 1, 2017.

Z. Liu et al., "Targeted Opportunities to Address the Climate-Trade Dilemma in China", Nature Climate Change, 2015.

Z. Mi et al., "China's 'Exported Carbon' Peak: Patterns, Drivers, and Implications", Geophysical Research Letters, No. 12, 2018.

Z. Wang et al., "Temporal Change in India's Imbalance of

Carbon Emissions Embodied in International Trade", *Applied Energy*, No. 231, 2018.

Z. Zhang, K. Zhu, G. Hewings, "A Multi – Regional Input – Output Analysis of the Pollution Haven Hypothesis from the Perspective of Global Production Fragmentation", *Energy Economics*, No. 64, 2017.

刘增明，中国社会科学院大学（研究生院）国际能源安全研究中心研究员，讲师。管理学博士、经济学博士后。主要研究领域为能源经济、投入产出理论、国际国内贸易等。先后在 *Energy Conversion and Management*，*Environmental Science and Pollution Research*，*Carbon Management*，《管理世界》等期刊发表论文多篇。担任 *Energy Efficiency*，*Environmental Science and Pollution Research*，*Ecological Indicators*，*Natural Hazards*，*Biofuels* 等国际期刊审稿人。

黄晓勇，国务院政府特殊津贴专家，国家社科基金项目、国家出版基金项目评审专家。教授、博士生导师。中国社会科学院大学（研究生院）国际能源安全研究中心主任。中国社会科学院大学原副校长、中国社会科学院研究生院原院长。兼任北京市学位委员会委员、全国日本经济学会副会长、中国西部开放促进会副会长等。主要研究领域为国际能源安全、世界经济、社会组织等。先后在日本明治大学、东京大学、爱知大学从事客座研究和讲学。主要译著：《世界能源发展报告》《中国社会组织报告》《天然气人民币》《中国节能管理的市场机制与政策体系研究》《中国的能源安全》《中国能源的困境与出路》《能源博弈论集》《日本的产业政策》《诺贝尔奖之问》《经济大国的寂寞？》《日本的经验与中国的改革》等。